英作文教材

Primer for English Writing

大学生の英作文入門

佐藤哲三
愛甲ゆかり
新藤照夫

Nan'un-do

はじめに

　このテキストは，そのタイトルの示すとおり，初歩的なライティングを通じて，過去に学んできた英語の文法・語法の再確認をするとともに，様々な種類の文を構築しながら発信型のコミュニケーション能力の土台を築き上げていくことに主眼を置いて編集されています。

　平易な文を読み，その意味を理解することには，苦労しない人であっても，いざ同じレベルの文を書いたり，発話しようとしたりすると，なかなか容易にはいかないものだと感じる人も多いはずです。そういった人たちが，このテキストによって基礎からのやり直しを図りながら，表現力を身に付けていけるようになっています。

　各章は，次のように構成されています。
1. ライティングに取り掛かる前の復習としての**基礎的な文法事項の解説**
2. その文法事項に即した短く平易なレベルの英作を行う**基本問題**
3. 同じく文法事項に対応した語句の並べ替えおよび語の補充により，少し長めの文を完成させる**標準問題**
4. 外国での日常生活において欠かせない多くの会話表現を盛り込んだひとつのストーリーとしての会話文による**発展問題**
（発展問題の会話文は応用力を問う問題となっているため，必ずしもその章の文法事項に対応しているわけではありません。）

　今後，世界語としての英語を駆使して，自身の様々な情報を発信したり，意見を述べたりすることは，ますます不可欠なこととなってくるでしょう。そこで，これまでに英語がそれほど得意でなかった人，英語が嫌いではないにもかかわらず伸び悩んでいる人，そういった人たちが，このテキストを使うことで，発信型の英語の礎を築き上げていくことを切に願っています。

　最後に，本書の出版を快諾された南雲堂の南雲一範社長，編集実務の行き届いたご配慮をいただいた青木泰祐氏に心より感謝申し上げます。

佐藤　哲三
愛甲　ゆかり
新藤　照夫

CONTENTS

はじめに ………………………………………… 2
Unit 1 動詞 ……………………………………… 4
Unit 2 進行形・未来形・助動詞………………… 8
Unit 3 名詞・冠詞・代名詞 …………………… 12
Unit 4 前置詞・接続詞（Ⅰ） …………………… 16
Unit 5 形容詞・副詞と比較 …………………… 20
Unit 6 命令文・感嘆文 ………………………… 24
Unit 7 不定詞 …………………………………… 28
Unit 8 動名詞と分詞 …………………………… 32
Unit 9 各種疑問文・It の特別用法…………… 36
Unit 10 受動態 …………………………………… 40
Unit 11 完了形 …………………………………… 44
Unit 12 接続詞詞（Ⅱ）（時制の一致を含む）……… 48
Unit 13 5つの基本文型 ………………………… 52
Unit 14 仮定法 …………………………………… 56
Unit 15 関係代名詞……………………………… 60

Unit 1 動詞

I be動詞

1	I **am** a pilot and he **is** a social welfare worker.
2	**Were** you in the library this morning?　No, I **wasn't**.
3	There **aren't** any books in the bag.

① be動詞の現在形は，主語によって（単数の場合）I am, you are, she is,（複数の場合）we are, you are, they areのように形が変わる。
② 疑問文は〈be動詞＋主語...？〉の語順。否定文は〈be動詞＋not〉で短縮形は次の通り：is not → isn't, are not → aren't, was not → wasn't, were not → weren't。
※ am notはamn'tとはせずにI'm notとする。
③ there is（are）で「～がある」の意味。be動詞の後には，不特定のものや人を表す主語が続く。疑問文は〈be動詞＋there＋主語...？〉の語順。

II 一般動詞（現在）

4	He **takes** a walk before breakfast.
5	She **doesn't go** to bed early.
6	**Do** you **play** golf?　Yes, I **do**.

④ be動詞以外の動詞を一般動詞という。現在形は原則として原形をそのまま用いる。主語が三人称単数の場合にのみ原形に-sまたは-esをつける。
⑤ 否定文は，主語が三人称単数以外の場合は〈do not＋動詞の原形〉，三人称単数の場合は〈does not＋動詞の原形〉になる。do notとdoes notの短縮形は，それぞれdon't, doesn'tになる。
⑥ 疑問文は，主語が三人称単数以外の場合は〈Do＋主語＋動詞の原形...？〉，三人称単数の場合は〈Does＋主語＋動詞の原形...？〉になる。

III 一般動詞（過去）

7	He **went** to the park and **played** tennis yesterday.
8	They **didn't come** to the meeting.
9	**Did** you **finish** your homework?　Yes, I **did**.

⑦ 過去形は主語に関係なく同じ形で表す。動詞の語尾に，-ed（または-d）をつけて過去形になるものを規則動詞という。-ed（または-d）をつけずに活用する動詞を不規則動詞という。
⑧ 過去の否定文は，〈主語＋did not＋動詞の原形...〉の語順。did notの短縮形は，didn't。
⑨ 過去の疑問文は，〈Did＋主語＋動詞の原形...？〉で，答えは，Yes, ～ did. / No, ～ didn't.となる。疑問詞を用いる場合は〈疑問詞＋did＋主語＋動詞の原形...？〉であるが，疑問詞が主語の場合は，〈疑問詞＋動詞の過去形...？〉となり，didは用いない。答えは〈主語＋did〉となる。Cf. Who sang the song then? — My brother did.

A 基本問題

次の日本文を英文に直しなさい。

I be動詞

1. お元気ですか。― 元気です。

2. 彼の両親は医者で，彼の姉は看護師です。

3. 彼女は私のメール友達でした。

4. これはコンピュータで，あれは電子辞書です。

5. 机の上に携帯電話はありますか。― いいえ，ありません。

II 一般動詞（現在）

6. 私は頭が痛い。

7. 彼女は昼食後に歯を磨きます。

8. 太陽は東から昇ります。

9. 彼らはどこに住んでいますか。

10. 彼はギターを弾きますか。― いいえ，弾きません。

III 一般動詞（過去）

11. 私たちは昨晩家で夕食を食べました。

12. 彼らは2週間前新しい家を買いました。

13. 母は昨日買い物に行きませんでした。

14. 東京で地震がありました。

15. あなたは何時に帰宅したのですか。

B. 標準問題

（　）内の語句の他に1語加えて並べ替えると，日本文の表す英文になる。その語を答えなさい。なお，文頭に来るべき語も（　）では，小文字で始まっている。

1. 彼は朝型人間ではありません。
   （1 morning　2 a　3 person　4 he　5 not）.
2. 先週の日曜日，あなたは家にいましたか。
   （1 last　2 home　3 you　4 at）Sunday?
3. 明日の夜は暇ですか。
   （1 you　2 night　3 free　4 tomorrow）?
4. この動物園にコアラはいますか。
   Are（1 in　2 this　3 any　4 koalas）zoo?
5. 彼女の妹は英語が得意だそうです。
   I hear（1 good　2 her　3 sister　4 at）English.
6. トムは毎日，マイクと学校へ行きます。
   Tom（1 to　2 with　3 school　4 Mike）every day.
7. 和子は毎日夕食前にテレビを見ます。
   Kazuko（1 dinner　2 before　3 TV）every day.
8. あなたの町にスポーツセンターはありますか。
   Do（1 in　2 you　3 sports centers　4 any）your town?
9. あなたの新しいドレスはどうですか。
   How（1 do　2 dress　3 new　4 you　5 your）?
10. 私は週休二日をとっています。
    I（1 days　2 week　3 a　4 five）.
11. だれが私のケーキを全部食べたの。
    （1 all　2 cake　3 who　4 my）?
12. フレッドは電車の中にかさを置き忘れてしまいました。
    Fred（1 on　2 his umbrella　3 the　4 train）.
13. 目覚まし時計がならなかった。
    My（1 off　2 go　3 alarm clock）.
14. 昨夜はぐっすり寝ました。
    （1 well　2 I　3 night　4 last）.
15. 昨日，私たちの町では雨がたくさん降りました。
    We（1 our　2 in　3 a lot of　4 rain）town yesterday.

C 発展問題

下の日本文を参考に，(1)適語を補充し，(2)語句を並べ替えて完全な英文にしなさい。

〈**How do you do?**〉武田健は大学2年の夏休み，はじめて英国に短期留学しました。ホームステイ先のBernard夫妻を最初に訪ねたときの会話です。

C: Catherine（ホストマザー）　　K: Ken　　P: Paul（ホストファーザー）

(At the doorstep)
C: Hello, you must be Ken Takeda.　I am Catherine.
K: Yes, that's right.　(　　) to meet (　　).
C: Can I (　　) your coat?　The living room is (　　) way.
　(In the living room)
C: Ken, this is my husband Paul and this is our cat Tom.
P: Hi, Ken.　Pleased (　　) (　　) you.
K: Hi, Paul.　(　　) to (　　) you, too.
C: Ken, please (down / home / yourself / make / sit / and / at).
P: (you / I / drink / can / get / to / something)?
K: Yes, please.
P: (　　) (　　) (　　) (　　)?　Orange juice, tea, coffee or lemonade?
K: Tea, please.
P: Do you take sugar?
K: No, thank you.　Just milk, please.
C: How (　　) some biscuits or crisps?
P: Ken, while (I'll / you're / upstairs / tea / stuff / having / your / take / ,).
　And then, I'll (　　) (　　) (　　) the house.　Is that OK?
K: That's fine.

(玄関先で)　C: こんにちは。あなたが健ね。私，キャサリンよ。
　　　　　　K: はい，そうです。はじめまして。
　　　　　　C: コートをどうぞ。居間はこちらよ。
(居間で)　　C: 健，夫のポールよ。こちらは猫のトム。
　　　　　　P: やあ，健。よろしく。
　　　　　　K: こんにちは，ポール。こちらこそよろしく。
　　　　　　C: 健，こっちに掛けて，くつろいで。
　　　　　　P: 何か飲み物はどうだい。
　　　　　　K: いただきます。
　　　　　　P: 何がいい。オレンジジュース，紅茶，コーヒー，それともレモネード。
　　　　　　K: 紅茶を。
　　　　　　P: 砂糖は。
　　　　　　K: 結構です。ミルクを少しだけ。
　　　　　　C: ビスケットかポテトチップスはどう。
　　　　　　P: 健，君がお茶を飲んでいる間に，君の荷物を2階へ運んでおくよ。それから家の中を案内しよう。それでいいかい。
　　　　　　K: はい，どうも。

Unit 2 進行形・未来形・助動詞

I 進行形

1	She **is studying** English.
2	She **was not enjoying** the party.
3	What **were** you **doing** this time yesterday? **I was sleeping**.

① 〈be（am, is, are）＋現在分詞〉を現在進行形といい，現在のある動作や行為が進行していることを表す。
② 〈be（was, were）＋現在分詞〉を過去進行形といい，過去にある動作や行為が進行していたことを表す。進行形の否定文はbeの後にnotを置く。
③ 疑問詞は文頭に置き，後は疑問文〈be＋主語＋現在分詞...?〉の語順になる。

II 未来形

4	My sister **will** not know what to do.
5	**Will** you be in London next month? Yes, I will.
6	I **am going to** read the newspaper after dinner.

④ 〈will＋動詞の原形〉で，「～だろう；～するつもりだ」という意味の未来を表す文になる。否定文は，〈主語＋will not＋動詞の原形〉。
⑤ 未来形を表す疑問文は，willを文頭に移せばよい。
⑥ 〈be going to＋動詞の原形〉は「これから～するつもりだ；～だろう；～しようとするところだ」という意味で，近接未来を表す。

III 助動詞

7	He **can** play the guitar.
8	You **must** speak English here.
9	**May** I go alone? No, you **may** not.

⑦ 動詞の前に置かれて動詞の意味を補うものを助動詞という。この場合，動詞は常に原形を用いる。基本文4，5のwillも未来を表す助動詞。canは「～することができる」の意味で，過去形はcould。未来の文では，will canではなく，will be able toを用いる。
canには「ありうる」という可能性の意味もあり，疑問文では「～はずがあろうか」，否定文では「～はずがない」という意味になる。
⑧ mustは「～しなければならない」の意味で，過去形はhad toを用いる。
mustには「～に違いない」という断定的推量の意味もあり，must not（短縮形はmustn't）では「～してはいけない」という意味で禁止を表す。
⑨ mayは「～してもよい」の意味だが，canもこの意味で用いる。mayには「～かもしれない」，「～しますように」という意味もある。

A 基本問題

次の日本文を英文に直しなさい。

Ⅰ 進行形

1. 誰かが私を呼んでいます。

2. 彼らは歌を歌っていますか。

3. やかんの湯が沸いている。

4. 彼女は花に水をやっています。

5. （電話で）どなたですか。

Ⅱ 未来形

6. 電車はまもなく発車します。

7. 彼女は来年60歳になります。

8. あなたがいなくなると寂しくなるでしょう。

9. 私たちに来月子供が生まれます。

10. 塩を取ってもらえませんか。

Ⅲ 助動詞

11. 娘はピアノを弾くことができます。

12. ここでは静かにしなければいけません。

13. この薬を飲んだ方がいいよ。

14. どこで落ち合いましょうか。

15. これを試着してもいいですか。

B. 標準問題

（　）内の語句の他に1語加えて並べかえると，日本文の表す英文になる。その語を答えなさい。なお，文頭に来るべき語も（　）では，小文字で始まっている。

1．フレッドはいま音楽を聞いています。
　　Fred（1 music　2 to　3 is）now.
2．私は駅でジョンを待っていました。
　　I（1 John　2 for　3 was　4 at）the station.
3．彼女はTシャツを探しています。
　　She（1 T-shirt　2 for　3 a　4 is）.
4．デパートが今週バーゲンセールをやっています。
　　The department store（1 a　2 is　3 this　4 sale　5 week）.
5．ここで何をしているんですか。
　　（1 doing　2 you　3 what　4 here）?
6．あなたは，東京にどのくらい滞在するつもりですか。
　　How（1 in　2 you　3 stay　4 long）Tokyo?
7．私は今度の週末に飛行機で北海道に行きます。
　　I'll（1 Hokkaido　2 plane　3 to　4 by）this weekend.
8．今年の夏休みは何をするつもりですか。
　　What are（1 do　2 you　3 to　4 during）this summer vacation?
9．誰がトニーを空港に迎えに行きますか。
　　（1 to　2 going　3 Tony　4 pick up　5 who）from the airport?
10．あなたのファックス番号を教えてくれますか。
　　Will（1 fax number　2 you　3 your　4 me）?
11．立たなくてはいけませんか。
　　Do（1 up　2 I　3 stand　4 to）?
12．オーストラリア旅行の話をしてくれませんか。
　　（1 tell　2 about　3 us　4 you）your trip to Australia?
13．君たちはこの公園で野球をしてはいけません。
　　You（1 play　2 not　3 baseball　4 in）this park.
14．公園に行くには，どのバスに乗ればいいのですか。
　　（1 bus　2 which　3 to　4 I take　5 to go）the park?
15．友達にあなたを紹介してもいいですか。
　　（1 I　2 introduce　3 to　4 you）my friends?

C 発展問題

下の日本文を参考にして，（1）語句を並べ替え，（2）適語を補充して完全な英文にしなさい。

〈**Having dinner**〉次の会話はホストファミリーと夕食の時に交わした会話です。

K: Ken   C: Catherine   P: Paul

K: That (　) good and (　　) wonderful.
C: (　) (　) (　) (　) (　) in Japan?
K: Yes, we eat rice (　) (　　) (　).
P: Do you eat spicy food, too?
K: Yes, we sometimes eat spicy stuff, (　　) (　　) curry rice or Korean food. But I am not so keen (　　) spicy food myself.
P: In England, people like Indian food a lot. There is a really good Indian restaurant, (around / just / the corner / Devana / called). We should go there sometime. (in this country / hot / as / not / as / is / authentic Indian food / the Indian food). Don't worry. You will love it.
C: (more / would / to / some / like / you / have), Ken?
K: No, thank you. That was delicious, but I really couldn't eat another thing.
C: (　　) (　　) dessert? (　　) (　　) really delicious chocolate ice cream.
K: (small / I / could / a / just / have / portion), please?

K: いい匂いだ。それにおいしそう。
C: 日本ではよくお米を食べるの。
K: ええ，日本人はほとんど毎日お米を食べます。
P: 辛いものも食べるかい。
K: ええ，時々，たとえばカレーライスや韓国料理など。でも僕は辛い料理はあまり好きではないのだけど。
P: イギリス人はインド料理がとても好きなんだ。このすぐ近くにデバーナというとてもおいしいインド料理屋があるんだ。いつか行ってみよう。イギリスのインド料理は本場のインド料理ほど辛くないんだよ。大丈夫。きっと気に入るよ。
C: もう少し（お代わりは）いかが，健。
K: いいえ，結構です。美味しかったけどこれ以上は入りません。
C: デザートはいかが。本当に美味しいチョコレートアイスがあるの。
K: 少しだけいただけますか。

Unit 3　名詞・冠詞・代名詞

I　名詞

> 1　I have an **apple** and some **lemons** in the box.
> 2　How many **children** do you have?
> 3　Please give me a glass of **water**.

① 可算名詞で1つのものは単数形で，2つ以上のものは複数形で表す。
② 複数形は，ふつう単数形の語尾に-sまたは-esをつけるが，foot→feetのように不規則に変化するものやdeer→deerのように単複同形のものもある。
③ 不可算名詞には次のようなものがあり，単数として扱う。
物質名詞…water, milk など。抽象名詞…beauty, peace など。固有名詞…Edison, Tokyo など。
物質名詞を数える場合は容器や量の単位を用いる。a cup of tea, a bottle of beer, two pieces of chalk, three sheets of paper など。

II　冠詞

> 4　I have **a** car.　**The** car is old.
> 5　**The** earth moves around **the** sun.

④ a, anは「1つの」という意味で，数えられる名詞の単数形につける。母音で始まる単語の前にはanをつける。前に一度出た名詞を指す場合や周囲の状況から特定できる場合はtheを用いる。
⑤ 世界でただ1つしかないものを指す場合にはtheを用いる。他に，最上級や序数のついた名詞や，川・船などの名にもtheをつける。

III　代名詞

> 6　**They** visited **him** last week.
> 7　**This** room is **mine**, and **that** is **yours**.
> 8　**Whose** car is this?　It's **my father's**.
> 9　Do you need a pen?　Yes, I need **one**.

⑥ 人称代名詞は，数（単数・複数），格（主格・所有格・目的格）によって形が変わる。
⑦ 指示代名詞は人・もの・ことを指し，this, these（近くのもの）；that, those（やや遠くのもの）がある。
「～のもの」という意味の代名詞を所有代名詞という。
⑧ 疑問代名詞としてwho, whose, whom, which, whatがある。名詞の「～の，～のもの」はあとに-'s（アポストロフィs）をつけて表す。
⑨ 不定代名詞は，人・もの・こと・数量を漠然と示す。基本文9のoneは，「人」を指す場合と同様に，名詞の繰り返しを避ける場合にも用いられ，同一のものはitで受ける。

A 基本問題

次の日本文を英文に直しなさい。

Ⅰ 名詞

1. 知識は力なり。

2. ローマはイタリアの首都です。

3. 彼女には虫歯が一本ある。

4. 私には義理の弟が二人います。

5. 私はトーストを二枚食べて、紅茶を一杯飲みました。

Ⅱ 冠詞

6. 昨日北海道で地震がありましたか。

7. ローマは一日にして成らず。

8. 彼らはテニスをしています。

9. 彼は海に飛び込みました。

10. 私は年に２回海外に旅行します。

Ⅲ 代名詞

11. （店内で）いらっしゃいませ。

12. あれは彼の車椅子です。

13. これはあなたの時計ですか。―はい、私のです。

14. 彼女の母は独り言を言いました。

15. 私はペンを５本買って、一本は妹にあげました。

B 標準問題

（　）内の語句の他に1語加えて並べかえると，日本文の表す英文になる。その語を答えなさい。なお，文頭に来るべき語も（　）では，小文字で始まっている。

1. お子さんはいらっしゃいますか。
   Do（1 have　2 you　3 any）?
2. あなたの国では何歳から学校に行き始めますか。
   At what（1 start　2 children　3 in　4 school　5 your　6 do）country?
3. ついに私は大好きなミュージシャンと握手することができました。
   I could（1 musician　2 shake　3 favorite　4 with　5 my）at last.
4. 私のカメラは時代遅れだ。
   My（1 of　2. out　3 is　4 camera）.
5. 2，3分歩くと，市役所に来ました。
   A few minutes'（1 the　2 me　3 hall　4 city　5 to　6 brought）.
6. メニューを見せてもらえますか。
   （1 the menu　2 I　3 take　4 may　5 at　6 look）?
7. ナンシーは言葉が見つからず当惑しました。
   Nancy was（1 at　2 loss　3 words　4 for）.
8. その男はルパン三世と呼ばれている。
   （1 called　2 Third　3 the man　4 Lupin　5 is）.
9. 一緒に一杯飲みに行きませんか。
   Would you like（1 get　2 drink　3 go　4 to　5 and）with me?
10. ジュディはギターをひくのがとても好きです。
    Judy（1 very　2 playing　3 likes　4 guitar）much.
11. トムは私たちの学校の近くに住んでいます。
    Tom（1 school　2 near　3 lives）.
12. 彼らは男子校に通っています。
    They（1 to　2 school　3 go）.
13. 私達の町は温泉でとても有名です。
    Our（1 is　2 famous　3 town　4 very　5 for）hot springs.
14. 自己紹介をしたいと思います。
    （1 I'd　2 introduce　3 to　4 like）.
15. 旅行者用小切手は使えますか。
    （1 accept　2 you　3 checks　4 do）?

C 発展問題

下の日本文を参考にして，(1) 語句を並べ替え，(2) 適語を補充して完全な英文にしなさい。

〈**Going to the bank**〉次の会話は健がイギリスの銀行で初めて日本紙幣を英国スターリング（ポンド）に換金する際に銀行員と交わした会話です。

T: Teller　K: Ken

T : Good morning. (may / help / how / I / today / you)?
K : Hi, (into / English sterling / Japanese yen / to / like / I'd / change).
T : (　　) (　　) would (　　) (　　) to change?
K: What's the exchange rate?
T: (the pound / 212.24 yen / to / it's).
K: All right. Could you change twenty thousand yen?
T: Sure. You'll get 91.23 pounds. (of / there'll / 3 pounds / be / commission charge / a). Is that all right?
K: Fine.
T: (　　) would (　　) (　　) the money?
K: 4 twenties, and 1 ten, please.
T: Certainly.

T: おはようございます。いらっしゃいませ。
K: すみません，日本円をポンドに換えたいのですが。
T: どのくらい換金なさいますか。
K: 為替レートはいくらですか。
T: 1ポンド212円24銭です。
K: わかりました。それじゃ，2万円分換えてください。
T: はい。91ポンド23ペンスになります。手数料が3ポンドかかりますが，よろしいですか。
K: はい。
T: お金の組み合わせはいかがなさいますか。
K: 20ポンド札4枚に，10ポンド札1枚でお願いします。
T: かしこまりました。

Unit 4 前置詞・接続詞（Ⅰ）

Ⅰ 前置詞

> 1 I will be back **in** an hour.
> 2 A fly is **on** the ceiling.
> 3 Most of them go to school **by** bicycle.
> 4 They **are different from** each other.

① 前置詞は，名詞または代名詞などの前に置いて文中の他の語との関係を表す。
　時を表す前置詞には上記以外に次のようなものがある：
　at, with, on, after, before, by, for, since, through など。
② 場所・運動・方向を表す前置詞には上記以外に次のようなものがある：
　in, at, among, between, around, round, about, along, above, over, through, up, beneath, below, under, down, by, to, for, from, out of, near, beside など。
③ 時・場所以外を表す前置詞には上記以外に次のようなものがある：
　of, from, out of, into, with, about, on, as, for など。
④ 前置詞を含む連語
　in front of「〜の前に」be full of「〜で一杯である」hear from「〜から便りがある」
　look for「〜を探す」be good at「〜が上手である」succeed in「〜に成功する」
　be interested in「〜に興味がある」call on 人／at 場所「〜を訪問する」など。

Ⅱ 接続詞

> 5 He **and** she are both young.
> 6 Hurry up, **or** you will be late.
> 7 **When** we came home, mother was cooking.
> 8 **If** it rains tomorrow, I won't go on a picnic.
> 9 He won't succeed, **because** he is lazy.

⑤ 文法的に対等な語と語，句と句，文と文をつなぐ接続詞を等位接続詞といい，and「〜と…，そして」，or「または，それとも」，but「しかし」，for「というのは」などがある。
⑥〈命令文, and...〉は「〜しなさい，そうすれば…」
　〈命令文, or...〉は「〜しなさい，さもないと…」という意味になる。
⑦ 一方の節（We came home）が他方の節（mother was cooking）に従属する関係をつくる when を従属接続詞という。従属節は前に来る場合と，後に来る場合がある。例えば，基本文 7 は，Mother was cooking when we came home. としても良い。
⑧ if は「もし〜ならば」という意味の接続詞。このような条件を表す副詞節では，未来のことでも現在形（rains）で表す。
⑨ because は「〜であるが故に」と強い理由を表す意味と，「何故なら〜だから」の意味がある。

A 基本問題

次の日本文を英文に直しなさい。

I 前置詞

1. 彼女は月曜日の朝は早く起きます。

2. 7時までに戻ってきます。

3. 彼はパリの大学に通っています。

4. 彼女の家は公園の隣にあります。

5. 山田さんは別の電話に出ています。

6. 地球上では空気なしには誰も生きられません。

II 接続詞

7. 彼と彼女は二人ともドライだ。

8. トムは野球が好きですが，奥さんは好きではありません。

9. いそがないと，学校に遅刻しますよ。

10. 今朝私が早起きしたら，犬はまだ寝ていました。

11. 私の車を見つけ次第，私に電話してください。

12. 雨が降っていたけれど，彼らは出て行きました。

13. 彼女は疲れていたので，学校を欠席しました。

14. 私は大学を卒業した後，留学します。

15. 私が若いとき，CDではなくレコードを聴いていた。

B. 標準問題

（　）内の語句の他に1語加えて並べかえると，日本文の表す英文になる。その語を答えなさい。なお，文頭に来るべき語も（　）では，小文字で始まっている。

1．君はひまなときに何をしますか。
　　What do you do（1 time　2 your　3 free）?
2．私たちは毎日放課後サッカーをします。
　　We（1 school　2 soccer　3 play）every day.
3．メアリーによろしく。
　　Please（1 say　2 for　3 Mary　4 me　5 hello）.
4．私のことを気にかけてくれて有難うございます。
　　Thank（1 of　2 much　3 you　4 very　5 thinking）me.
5．この新しいビデオは，どこか調子が悪い。
　　（1 video recorder　2 wrong　3 is　4 something　5 this　6 new）.
6．リンダは交換留学生として日本に来ました。
　　Linda came（1 exchange　2 Japan　3 to　4 an）student.
7．エレベーターが故障していたので，私たちは歩いて上がりました。
　　（1 the elevator　2 order　3 out　4 was　5 since）, we walked up.
8．次の角を右に曲がると左手に銀行があります。
　　Turn（1 at　2 the next　3 the bank　4 corner,　5 right）will be on your left.
9．ヘンリーもジョンも家にいなかった。
　　（1 Henry　2 John　3 at　4 was　5 neither　6 home）.
10．急いだほうがいいよ，さもないと最終バスに乗り遅れるよ。
　　You had better hurry up,（1 you'll　2 bus　3 the　4 miss　5 last）.
11．彼はサッカーをしている間に足の骨を折りました。
　　He（1 his leg　2 he was　3 football　4 broke　5 playing）.
12．彼女から便りがあったら，すぐにお知らせします。
　　I will（1 you　2 know　3 as　4 let　5 I　6 as　7 hear）from her.
13．手紙は封筒に入れる前にもう一度目を通しなさい。
　　Look over（1 in　2 your letter　3 it　4 put　5 an envelope　6 you）.
14．忙しかったので，あなたに電話することができませんでした。
　　I didn't（1 call　2 have　3 you　4 a chance　5 to）I was busy.
15．飛行機なら日帰りできます。
　　（1 can　2 go　3 a day trip　4 you　5 by plane　6 you　7 make）.

C 発展問題

下の日本文を参考にして，（1）語句を並べ替え，（2）適語を補充して完全な英文にしなさい。

〈**Eating at a fast food restaurant**〉 次の会話は健がハンバーガーショップで注文しているとき店員と交わしたものです。

A: Shop assistant　K: Ken

A: Hi. Can I (　) (　) (　)?
K: I'd like to have a cheeseburger and one large-size French fries.
A: (in / eat / away / take / or)?
K: Ah, (　) (　), please.
A: Would (　) (　) (　) (　) (　)?
K: Yes, I'll have Coke, please.
A: Small or large?
K: Large.
A: (　) (　)?
K: That's all, thank you. (　) (　) is that?
A: (pounds / be / sixty / altogether / that'll / five).
K: Oh, can (　) (　) ketchup, please?
A: No problem. (　) (　) are.
K: Thanks.

A: こんにちは。注文を承ります。
K: チーズバーガー一つに大きいサイズのフライドポテトを一つください。
A: 中でお召し上がりですか，それともお持ち帰りですか。
K: 持ち帰りでお願いします。
A: お飲み物は。
K: コーラをください。
A: 小さいサイズですか，それとも大きいサイズですか。
K: 大きいほうを
A: 他にご注文は
K: それだけでけっこうです。いくらですか。
A: 合計5ポンド60ペンスです。
K: ケチャップください。
A: はい，どうぞ。
K: ありがとう。

Unit 5 形容詞・副詞と比較

I 形容詞・副詞

> 1 Alice is a **diligent** girl.
> 2 He looks **young** for his age.
> 3 How **many** books do you have?
> 4 Ben studies **very hard**.

① 形容詞は，人や物の形・性質・状態・数量・程度などを表す語で，名詞や不定代名詞を修飾する働きがある。形容詞の付加的用法は，形容詞が名詞のすぐ前にあって，その名詞を修飾する。ただしsomething, anything, nothing等の不定代名詞は，その後に形容詞が来る。

② 形容詞の叙述的用法は，形容詞が述語動詞の補語となる場合などである。

③ 数を表すものとしては，many, few, a few などがあり，複数の名詞と結びつく。
量を表すものとしては，much, little, a little などがあり，物質名詞と結びつく。

④ 副詞は形容詞，動詞および他の副詞を修飾する。
副詞の位置は，
a) 形容詞や副詞を修飾する場合は前に置く。
b) 動詞を修飾する場合は後に置くが，頻度を表すalways, oftenなどは，一般動詞であればその前に，be動詞，助動詞があればその後に置く。

II 比較

> 5 She can run **as fast as** he.
> 6 This house is **larger than** that one.
> 7 Dogs are **more useful than** cats.
> 8 This is **the highest** building in this town.
> 9 She is **the most famous** singer in Japan.

⑤ 2つのものを比べて「…と同じくらい〜」というときは，〈as原級as〉の形で表す。否定の〈not as原級as...〉「…ほど〜ではない」という意味になる。

⑥ 「AはBより大きい」と，2つのものを比べるときは，形容詞・副詞の比較級を用い，〈比較級＋than〉の形で表す。

⑦ 比較級はふつう，
a) 原級の語尾に-er（または-r）をつける。
b) 長いつづりの語では，〈more＋原級〉の形にする。
c) 不規則に変化する語もある：good, well→better; many, much→more など。

⑧ 「いちばん〜，最も〜」は，形容詞・副詞の最上級を用いる。最上級の文では，ふつう「…のうちで一番〜」となり，〈the＋最上級＋of (in)...〉の形を取る。

⑨ 最上級はふつう，
a) 原級の語尾に-est（または-st）をつける。
b) 長いつづりの語では，〈most＋原級〉の形にする。
c) 不規則に変化する語もある：good, well→best; many, much→most など。

 基本問題

次の日本文を英文に直しなさい。

Ⅰ 形容詞・副詞
1. デビッドは社交的な人です。

2. その時計は遅れています。

3. この花はにおいがいい。

4. コーヒーをもう一杯いかがですか。

5. キャロルは速く泳ぐことができます。

6. 彼はよく朝寝坊します。

7. このドレスはいくらですか。

Ⅱ 比較
8. もっと安いものはありますか。

9. あの女性は私の母より若く見えます。

10. メアリはナンシーより速く走ることができます。

11. ポールはジャックほど背は高くありません。

12. できるだけ早く私に電子メールを送信してください。

13. この本はあの本よりも面白い。

14. これがうちの店で一番高いオートバイです。

15. 遅くともしないよりまし。(諺)

B. 標準問題

（　）内の語句の他に1語加えて並べかえると，日本文の表す英文になる。その語を答えなさい。なお，文頭に来るべき語も（　）では，小文字で始まっている。

1．ポールは朝早く起きることができません。
Paul（1 up　2 can't　3 get）in the morning.

2．残念ながら，明日で休みも最後です。
Unfortunately, tomorrow（1 of　2 day　3 the　4 the vacation　5 is）.

3．今日から学校です。
Today（1 the　2 day　3 is）of school.

4．昨夜はよく眠れましたか。
（1 sleep　2 a　3 have　4 did　5 you）last night?

5．ジムはあまりうまく泳げません。
Jim（1 swim　2 cannot　3 very）.

6．あなたのバスケットボール部には女子は何人いますか。
（1 are　2 there　3 how　4 girls）in your basketball club?

7．高志は昨日友達と出かけられませんでした。
Takashi（1 his friends　2 couldn't　3 with　4 go）yesterday.

8．このくつは，私には大きすぎます。
These（1 for　2 are　3 big　4 shoes）me.

9．いつもより渋滞がひどい。
（1 is　2 than　3 the traffic　4 usual）.

10．私のかばんはジョンのものほど重くありません。
My（1 not　2 is　3 heavy　4 bag）as John's bag.

11．バスの時間がいつもより20分もよけいにかかりました。
（1 twenty　2 longer　3 the bus　4 than　5 took　6 minutes）.

12．私の家は成田空港からそれほど遠くありません。
My（1 not　2 is　3 so　4 house　5 from）Narita Airport.

13．これがこの町で一番有名な橋です。
This is（1 bridge　2 the　3 famous　4 in）this town.

14．パーティーは，思っていた以上に楽しいものとなりました。
The party turned（1 be　2 fun　3 out　4 I　5 more　6 to）had expected.

15．あの車は他のどの車よりも高額です。
That car（1 expensive　2 is　3 any　4 than　5 car　6 more）.

C 発展問題

下の日本文を参考にして，（1）語句を並べ替え，（2）適語を補充して完全な英文にしなさい。

〈**At the clinic**〉次の会話は健が腹痛のため初めて近くの診療所を訪れ，医者と交わしたときのものです。

Dr: Doctor K: Ken

Dr: Good morning. I'm Dr. Littlewood. How are you feeling?
K: Terrible. I've (　) (　) (　) (　) (　) last night.
Dr: Are (　) (　) sick?
K: Yes, I (　) (　) throwing (　).
Dr: Does your stomach hurt?
K: Yes, it hurts a lot. I (　) (　) sleep last night at (　).
Dr: Do you (　) any (　) symptoms, (　) (　) a headache, fever or sore throat?
K: No, not really. Just a stomachache.
Dr: (　) (　) (　) (　) (　)?
K: I had some toast and orange juice (　) breakfast, and cheese sandwiches (　) lunch. I could not eat anything (　) dinner, because my stomach was already hurting. Oh, I forgot to tell you, but I ate loads of wild berries in the forest (　) lunchtime, so that might be the (　) of it.
Dr: I (　) it. Anyway, (am / blood / to / I / going / pressure / your / take) and blood sample for testing.
K: Okay.

Dr: おはようございます。医師のリトルウッドです。今日はいかがなさいました。
K: 昨夜からずっと腹痛で具合が悪いんです。
Dr: 吐き気はありますか。
K: はい，むかむかしています。
Dr: 胃は痛みますか。
K: とても痛くて，昨夜は一睡もできませんでした。
Dr: 他の症状，頭痛，熱，のどの痛みなどはありますか。
K: あまりありません。腹痛だけです。
Dr: 昨日は何を食べましたか。
K: トーストとオレンジジュースを朝食に，チーズサンドを昼に，夜はお腹がすでに痛かったので何も食べられませんでした。あっ，言うのを忘れていました。昼時に森で野いちごをたくさん食べたのでそれが原因かもしれません。
Dr: そうは思いませんけど。とにかく血圧を測って，検査のために採血をしましょう。
K: はい。

Unit 6 命令文・感嘆文

I 命令文

> 1　**Give** me more food.
> 2　**Don't cry**. I will help you.
> 3　**Let's** go for a drive.

① 命令文は相手に対して命令，依頼を述べる文で，主語（you）を省略して，動詞の原形で始める。従って，Thank you very much.はIの省略だから命令文ではない。丁寧に言うときは，文頭か文末にpleaseをつける。文末につける場合はpleaseの前にコンマをつける。Please turn on the light.＝Turn on the light, please.
② 「～するな」という打消しの命令には〈Don't＋動詞の原形...〉で表し，これを強く言うときはDon'tの代わりにneverを用いる。
③ 〈Let's＋動詞の原形...〉は，「～しましょう」という相手に対する誘いかけに用いる。

II Whatで始まる感嘆文

> 4　**What** a nice book you have written!
> 5　**What** beautiful roses you have!
> 6　**What** an old stamp (this is)!

④ 「なんと～だろう」とある事柄を感嘆的に述べる文を感嘆文という。「なんと素敵な本だろう」などと，形容詞（nice）の後に名詞（book）が続くときは，Whatで始め，文の終わりには感嘆符（！）を付け，次のように表す。〈What＋a（an）＋形容詞＋単数名詞＋主語＋動詞！〉。
⑤ 基本文5のように，名詞（roses）が複数のときには，〈What＋形容詞＋複数名詞＋主語＋動詞！〉となる。
⑥ 最後の〈主語＋動詞〉は，特にbe動詞の場合は省略されることが多い。

III Howで始まる感嘆文

> 7　**How** sweet the flower smells!
> 8　**How** hard the wind blows!
> 9　**How** clever (he is)!

⑦ 「その花はなんとよい香りがするのでしょう」などと形容詞（sweet）の後に名詞（flower）が続かないときは，Howで始め，次のように表す。〈How＋形容詞＋主語＋動詞！〉。
⑧ 基本文8のようにHowの後に副詞（hard）が来ると，〈How＋副詞＋主語＋動詞！〉となる。
⑨ What～!と同じく，〈主語＋動詞〉は省略されることがある。

基本問題

次の日本文を英文に直しなさい。

I 命令文

1. 足元に気をつけてください。

2. 良い週末を。

3. この部屋では日本語を話してはいけません。

4. それについて考えさせてください。

5. 乾杯しましょう。

II Whatで始まる感嘆文

6. あれはなんと大きな家でしょう。

7. これはなんとおもしろい本でしょう。

8. 彼らはなんと背が高い男性たちなんでしょう。

9. 彼女はなんと才能豊かな人でしょう。

10. びっくりしたなあ。

III Howで始まる感嘆文

11. この犬はなんと利口なんだろう。

12. このバラはなんといい香りがするんでしょう。

13. 今日はなんと寒いんだろう。

14. 彼はなんと速く走るんだろう。

15. 彼女はなんと美しいんだろう。

B 標準問題

（　）内の語句の他に1語加えて並べかえると，日本文の表す英文になる。その語を答えなさい。なお，文頭に来るべき語も（　）では，小文字で始まっている。

1．この部屋の中で走ってはいけません。
　　（1 in　2 this　3 run）room.
2．博多行きの電車に乗ってください。
　　（1 Hakata-bound　2 the　3 train）.
3．ブラウン先生に趣味について聞いてみましょう。
　　（1 Mr. Brown　2 ask　3 about）his hobbies.
4．もし来られないようでしたら，電話してください。
　　If you can't make it,（1 a　2 me　3 call）.
5．海外を旅行中は，パスポートをなくさないように十分気をつけなさい。
　　（1 while　2 your passport　3 to lose　4 careful　5 not）traveling abroad.
6．部屋を出る前に必ず電気を消してください。
　　（1 sure　2 turn　3 you　4 off）the lights before you leave the room.
7．またすぐに集まりましょう。
　　（1 again　2 together　3 soon　4 let's）.
8．パイン通りまでまっすぐ行きなさい。
　　（1 until　2 get to　3 straight　4 you　5 Pine Street）.
9．郷に入っては郷に従え。
　　When in Rome,（1 the　2 as　3 Romans）do.
10．あれはなんと古い時計でしょう。
　　（1 what　2 old　3 that　4 clock　5 is）!
11．彼らはなんと正直な少年たちでしょう。
　　（1 honest　2 they　3 boys　4 are）!
12．コンサートに行くなんてなんと珍しいことでしょう。
　　（1 go　2 I　3 seldom　4 to the concert）!
13．なんと長い時間を無駄にしたことだろうか。
　　（1 a　2 time　3 I　4 wasted　5 long）!
14．彼女はなんと速く泳いでいるんでしょう。
　　（1 fast　2 she　3 swimming　4 is）!
15．今夜はなんと月が明るいんでしょう。
　　（1 moon　2 bright　3 is　4 the　5 tonight）!

C 発展問題

下の日本文を参考にして，（1）語句を並べ替え，（2）適語を補充して完全な英文にしなさい。

〈**Telephoning**〉 次は健と友人Andyとの電話での会話です。
K: Ken　C: Catherine　A: Andy

K: Could I (　　) your phone, Catherine? I just need to (　　) (　　) quick
　　(　　) (　　).
C: Of course, you can.

K: Hello, may I speak to Andy?
A: Speaking.
K: Hi, Andy. It's Ken here. I am just ringing you to find out (　　) you are.
A: Well, (at / some people / the moment / here / I've got), actually. Can I
　　(　　) you (　　) later?
K: OK. Do you know my phone number?
A: Ah, I don't think so. What number are you on?
K: 09881….
A: Oh, (　　) on. I'll get a pen. OK. (　　) ahead.
K: Ready? 09881.
A: 09881….
K: 758114.
A: 758114. OK. I'll speak to you later. Thanks (　　) calling. Bye.
K: Bye.

K: キャサリン，電話を使ってもいいですか。手短に市内電話をかけたいのですが。
C: もちろんどうぞ。

K: もしもし，アンディはいますか。
A: 僕です。
K: ああ，アンディ。健だけど。どうしてるかなと思って電話したんだけど。
A: 実は，今，お客が来ていて・・・。後でこちらからかけなおしていいかい。
K: いいよ。僕の電話番号知っているかい。
A: えーと，わからないな。何番かい。
K: 09881の
A: ちょっと待って，ペンをとってくる。いいよ。
K: いい？09881
A: 09881の
K: 758114
A: 758114　わかった。後で電話するよ。電話ありがとう。じゃあね。
K: またね。

6. 命令文・感嘆文　27

Unit 7 不定詞

I 不定詞の基本的用法

1	**To see** is **to believe**.
2	I want **to travel** abroad.
3	There is no one **to help** me in the world.
4	She was glad **to receive** the letter.

① 動詞の原形の前にtoをつけたものを不定詞という。不定詞は「～すること」という意味で，名詞の働きをし，主語，補語として用いる。
② 不定詞は動詞の目的語としても用いる。
③ 不定詞は「～するための，～すべき」という意味で，すぐ前の名詞や不定代名詞を修飾する形容詞の働きがある。
④ 不定詞は「～して」という意味で原因を表したり，「～するために」という意味で行動の目的を表したり，「～して（その結果）…」という意味で，結果を表す副詞の働きがある。

II 不定詞の他の用法

5	Mother often **tells** me **to study** harder.
6	Do you know **what to do** next?
7	She was **too tired to walk** any farther.
8	He was tall **enough to touch** the ceiling.
9	He told me **not to open** the door.

⑤ 〈tell＋人＋to動詞の原形〉「人に～しなさいという」（命令）。他に次のようなものがある：
〈ask＋人＋to ～〉「人に～してくれるように頼む」（依頼），
〈want＋人＋to ～〉「人に～してもらいたい」（願望）。
⑥ 〈疑問詞＋to＋動詞の原形〉
what to do「何をすればよいか」，how to do「どのようにすればよいか」，
when to do「いつすればよいか」，where to do「どこですればよいか」など。
⑦ 〈too...to ～〉「あまり…すぎて～できない」
基本文 7 ＝ She was so tired that she couldn't walk any farther.
⑧ 〈...enough to ～〉「～するのに十分…だ」
基本文 8 ＝ He was so tall that he could touch the ceiling.
⑨ 不定詞の否定は〈not to do〉とする。
基本文 9 ＝ He said to me, "Don't open the door."

基本問題

次の日本文を英文に直しなさい。

Ⅰ　不定詞の基本的用法

1．教えることは学ぶことです。

2．彼女は泣き出した。

3．(税関で) 何か申告するものはありますか。

4．座る場所がありません。

5．行く準備はできましたか。

6．私は電車に間に合うように走りました。

7．それを聞いてうれしいです

8．お待たせしてすみません。

Ⅱ　不定詞の他の用法

9．あなたに私の友人のメアリにあってもらいたいのです。

10．彼は私に助けてくれるようお願いしてきた。

11．私はコンピュータの使い方がわかりません。

12．私に命令しないで。(何をすべきか (あれこれ) いわないで)

13．彼女は若すぎて運転免許が取れません。

14．彼らは親切にも道を教えてくれました。

15．医者は私にタバコをすわないよう忠告した。

B 標準問題

（　）内の語句の他に1語加えて並べかえると，日本文の表す英文になる。その語を答えなさい。なお，文頭に来るべき語も（　）では，小文字で始まっている。

1. お会いできてうれしいです，ブラウンさん。
   （1 you　2 nice　3 meet）, Mr. Brown.
2. 休憩したいです。
   （1 to　2 a　3 take　4 I　5 rest）.
3. 何か温かい飲み物をいただけますか。
   （1 something　2 I　3 could　4 hot　5 have）drink?
4. 由美はJリーグの試合を見るのが好きです。
   Yumi（1 J. League　2 watch　3 games　4 likes）.
5. 今日は買い物に行く時間がありません。
   I（1 go　2 no　3 time　4 have）shopping today.
6. それはお気の毒ですね。
   （1 sorry　2 hear　3 I　4 that　5 am）.
7. この料理はしょっぱすぎて食べられません。
   This dish（1 salty　2 is　3 eat　4 to）.
8. 眠っている赤ちゃんを起こさないように，静かに部屋を出ました。
   I left the room quietly（1 wake　2 to　3 so　4 not）the sleeping baby.
9. 私はエリックにしばらく黙るように言いました。
   （1 hold　2 I　3 Eric　4 his tongue　5 to）for a while.
10. チョコレートケーキの作り方を知っていますか。
    （1 to　2 know　3 a chocolate cake　4 do you　5 make）?
11. 決定には十分時間をかけなさい。
    I（1 your time　2 making　3 to　4 you　5 take　6 in）a decision.
12. そんな間違いは二度としないように気をつけなさい。
    Be（1 mistake　2 such　3 careful　4 to　5 make　6 a）again.
13. こちらでお召し上がりですか，お持ち帰りですか。
    Is（1 to eat　2 that　3 here　4 go　5 or）?
14. 友人を見送りに空港へ行って来たところです。
    I've just been to（1 friend　2 to　3 my　4 the airport　5 off）.
15. 寝る前には忘れずにドアに鍵をかけてください。
    Please don't forget（1 lock　2 before　3 you　4 the door）go to bed.

C 発展問題

下の日本文を参考にして，（1）語句を並べ替え，（2）適語を補充して完全な英文にしなさい。

〈**Shopping**〉 次は健が買い物をしているときの会話です。

K: Ken　A: shop assistant

A: (help / you / any / do / need)?
K: Could I (　　) this jacket (　　), please?
A: Of course.
(Putting on the jacket)
K: It's a bit big. (in / you / it / do / have / a smaller size)?
A: I think so. (have / go / a look / and / I'll).
A: (　　) you are.
K: Thanks.
(Putting on the jacket)
K: (　　) (　　) (　　) of?
A: (　　) (　　) (　　) (　　) (　　) (　　).
K: Is it machine-washable?
A: I'm afraid not. Dry-clean only.
K: OK. I'm not sure about the colour. (too / me / is / pink / for / bright). (green / in / do / it / plain / have / you)?
A: (the last one / in green / sold / just / we've).
K: (more in / you / will / any / getting / be)?
A: Yes, we will receive a new stock sometime next week. (give / when / I / you / could / it comes / a call), if you like.
K: Oh, that'll be great.

A: 何かお探しですか。
K: このジャケットを試着していいですか。
A: もちろんです。
K: （ジャケットを着ながら）少し大きすぎるな。もう少し小さいサイズはありますか。
A: あるとおもいます。見てまいります。
A: ありました。はいどうぞ。
K: ありがとう。
K: （ジャケットを着ながら）素材は何ですか。
A: 綿とウールです。
K: 洗濯機で洗えますか。
A: あいにく，ドライクリーニングだけです。
K: そうですか。色が今ひとつなのですが。ピンクは私には派手すぎるな。グリーンはありますか。
A: 最後のグリーンが売れたところです。
K: 入ってくる予定は。
A: ええ，来週には来るでしょう。もしよろしければ商品が届きましたらご連絡差し上げましょうか。
K: それはありがたい。

Unit 8 動名詞と分詞

I 動名詞

> 1 **Rowing** against the wind is very hard.
> 2 Be careful in **crossing** the street.
> 3 He stopped **smoking** last month.

① 動名詞は動詞の性質と名詞の性質を兼ねており，単独でまたは他の語句を伴って主語や補語になる。この場合不定詞で書き換えることができる。
To row against the wind is very hard.
② 動名詞は前置詞の目的語にもなるし，つぎのように前置詞を伴った連語の後で用いられることも多い。
I am looking forward to hearing from you.
How about trying this food?
③ 動名詞は，動詞の目的語として用いられる。stopは「〜をやめる」という意味だが，He stopped to smoke.のように不定詞がつくと「立ち止まる，手を休める」という意味になる。

II 現在分詞

> 4 That **smiling** girl showed me the way to the library.
> 5 Who is that man **painting** over there?
> 6 Nancy came **running** into the kitchen.

④ 現在分詞（ing形）は，beとともに進行形を作ることはすでに学んだが，その他に「〜している…」という意味で形容詞として用いられ，名詞を修飾する。
現在分詞が単独で名詞を修飾するときは，名詞の前に置く。
⑤ 現在分詞が他の語句を伴って名詞を修飾するときは，名詞の後に置くのがふつう。
⑥ 基本文6のような現在分詞は補語の働きをしている。

III 過去分詞

> 7 Look at those **broken** windows.
> 8 Please take the package **wrapped** in white paper.
> 9 He sat **surrounded** by his grandchildren.

⑦ 過去分詞は，beとともに受身形を作ったり，haveとともに完了形を作るが，その他に「〜された…」という受身の意味で，形容詞として用いられ，名詞を修飾する。
過去分詞が単独で名詞を修飾するときは，名詞の前に置く。
⑧ 過去分詞が他の語句を伴って名詞を修飾するときは，名詞の後に置くのがふつう。
⑨ 基本文9のような過去分詞は補語の働きをしている。

A 基本問題

次の日本文を英文に直しなさい。

Ⅰ 動名詞
1. 喫煙は体に悪い。

2. 高齢者を介護することが私の仕事です。

3. 私はここで働いているのを誇りに思っています。

4. 私は歯を磨き終わりました。

5. 私はあの偉大な政治家に会ったことは決して忘れないだろう。

Ⅱ 現在分詞
6. あの眠っている赤ちゃんは私の娘です。

7. 彼にさよならを言っている女性は誰ですか。

8. 残業している人はほとんどいません。

9. 彼女は私に微笑みかけながらやってきました。

10. 男の子はずっと泣いたままでした。

Ⅲ 過去分詞
11. 盗まれた車が見つかりました。

12. 酔っ払いがベンチで寝ています。

13. 日本製のコンピュータは値段が高い。

14. 雪に覆われたあの山を見てごらん。

15. その仕事は未完成のままだった。

B 標準問題

（　）内の語句の他に1語加えて並べかえると，日本文の表す英文になる。その語を答えなさい。なお，文頭に来るべき語も（　）では，小文字で始まっている。

1. お風呂に入るとリラックスできます。
   （1 bath　2 relaxes　3 a　4 me）．
2. 私に一番よい運動は毎日歩くことです。
   The（1 walking　2 for me　3 exercise　4 best）every day.
3. また会えるのを楽しみにしています。
   I'm（1 again　2 you　3 forward　4 looking　5 to）．
4. 私は毎晩スポーツニュースを見るのが好きです。
   （1 like　2 sports　3 I　4 news）every night.
5. 私の母はその本をまもなく読み終えるでしょう。
   My（1 mother　2 will　3 the　4 finish　5 book）soon.
6. あのいびきをかいている人は叔父です。
   That（1 is　2 uncle　3 man　4 my）．
7. あのメガネをかけている女性は誰ですか。
   Who（1 that　2 is　3 glasses　4 woman）？
8. 並んで待っている人がたくさんいます。
   There are（1 people　2 a lot　3 line　4 in　5 of）．
9. 彼女は泣きながら私の部屋に入ってきました。
   She（1 into　2 room　3 my　4 came）．
10. 子供たちはずっとテレビゲームをしていた。
    Children（1 a　2 kept　3 game　4 video）．
11. この中古のコンピュータは安かった。
    （1 computer　2 cheap　3 this　4 was）．
12. 私は期限切れの切符を持っています。
    （1 have　2 an　3 I　4 ticket）．
13. 壊れた車がたくさんあります。
    （1 are　2 a lot　3 there　4 of　5 cars）．
14. 当社の出版する本はよく売れています。
    Books（1 by　2 our　3 well　4 company　5 sell）．
15. 彼女はその有名な画家に肖像画を描いてもらいました。
    She had（1 that　2 artist　3 portrait　4 famous　5 by　6 her）．

C 発展問題

下の日本文を参考にして，(1) 語句を並べ替え，(2) 適語を補充して完全な英文にしなさい。

〈**At the restaurant**〉 次の会話は健がポールとレストランに行ったとき交わされたものです。

P: Paul W: Waiter K: Ken

P: (two / could / a table / have / for / we), please?
W: Smoking or non smoking?
P: Non smoking, please.
W: Here is your table, sir.
P: Thank you.

P: Excuse me.
W: (order / are / for / ready / you)?
P: Yes. Ken, are you having a (　　)?
K: Yes, I'll have the Caesar Salad, please.
P: I'll have the same, please and the beefsteak (　　) (　　) (　　).
K: (my / I / have / could / for / main / the lamb chop), please?
W: (your main / the season's / with / would / like / you / vegetables)?
K: Oh, that would be nice. Thank you
P: I'll have vegetables, too.
W: Certainly.

P: 二人なのですが。
W: 喫煙席，それとも禁煙席ですか。
P: 禁煙席をお願いします。
W: こちらへどうぞ。
P: ありがとう。

P: すみません。
W: ご注文を承ります。
P: 健，前菜を取るかい。
K: ええ，シーザーサラダをお願いします。
P: 私も同じもので。それからメインはビーフステーキをお願いします。
K: 私はメインはラムチョップでお願いします。
W: メインと一緒に季節の野菜はいかがですか。
K: それはいいね。お願いします。
P: 私も。
W: かしこまりました。

Unit 9 各種疑問文・It の特別用法

I 各種疑問文

> 1 They **are** free now, **aren't** they?
> 2 Nancy **can** make cakes, **can't** she?
> 3 Tom **doesn't** like cats, **does** he? Yes, he **does**.
> 4 Dick and Helen came here yesterday, **didn't** they?
> 5 I wonder **where Ken has gone**.

① 「～ですね」と念を押したり，軽く質問するとき，主文に疑問文の一部を付加した文（付加疑問文）を用いる。主文が肯定文なら否定疑問文を，主文が否定文なら肯定疑問文をつける。
② 付加疑問文の主語には代名詞を用い，否定形にはふつう短縮形を用いる。
③ 主文の一般動詞が現在形の場合…〈肯定文, don't（doesn't）＋主語？〉,
  〈否定文, do（does）＋主語？〉。
④ 主文の一般動詞が過去形の場合…〈肯定文, didn't＋主語？〉,
  〈否定文, did＋主語？〉。
⑤ ある文の一部として入っている疑問文を間接疑問文という。
  間接疑問文の語順は〈主語＋動詞〉の平叙文の語順と同じ。

II It の特別用法

> 6 **It** is about two miles from this park to my house.
> 7 What time is **it** by your watch? **It** is eight o'clock.
> 8 **It** is true **that Bill came yesterday**.
> 9 **It** is easy **for** you **to** answer the question.

⑥ 文中のどれを指すということはなく，単に天候，距離，明暗，時刻などを漠然と表す場合に it を主語として用いる。この it は訳さない。
⑦ 〈時刻の表し方〉
  It is six fifteen. = It is a quarter past six.
  It is five thirty. = It is half past five.
  It is one forty-five. = It is a quarter to two.
  It is ten fifty-five. = It is five (minutes) to eleven.
  〈日付の表し方〉
  11月3日：November the third / the third of November
  2000年5月3日（金）：Friday, May 3, 2000 (two thousand)
  昭和50年2月27日：February the twenty-seventh in the fiftieth year of Showa
⑧ 基本文8は，That Bill came yesterday is true. としてもよいが，文頭に形式主語（It）を用い，true の後に真主語（that Bill came yesterday）を置いて，It is true that .... とした方が安定のある良い文になる場合が多い。
⑨ 真主語（to answer the question）の意味上の主語が必要な場合は，その前に for（人）を添えて〈It is ～ for（人）to....〉の形式にする。Cf. It is kind of you to say so.

A 基本問題

次の日本文を英文に直しなさい。

Ⅰ 各種疑問文

1. ヘンリーは，疲れていましたね。

2. あなたは車を運転できないんですね。

3. ナンシーとメアリーは学生ではないですよね。

4. 買い物に行きましょうよ。

5. 彼がだれなのかわかりません。

6. どこに座ったらいいか教えてください。

7. あの先生は何歳だろうか。

Ⅱ Itの特別用法

8. 今日は暑いですね。

9. 外は暗くなってきました。

10. 昨日は雪が降りました。

11. 今何時ですか。8時45分です。

12. ここから最寄のバス停まで20分かかります。

13. 誕生日はいつですか。3月11日です。

14. この単語を覚えるのは簡単です。

15. 昨夜君が見たのはお化けじゃありません。

B 標準問題

（　）内の語句の他に1語加えて並べかえると，日本文の表す英文になる。その語を答えなさい。なお，文頭に来るべき語も（　）では，小文字で始まっている。

1. 明日は遅刻しませんよね。
    You（1 late　2 be　3 tomorrow）, will you?
2. 散歩しましょうよ。
    （1 walk　2 a　3 take）, shall we?
3. 公園がどこにあるか，あの女の子に聞いてみるよ。
    （1 ask　2 I'll　3 is　4 that girl　5 the park）.
4. 去年の今ごろ何をしていたのか覚えていません。
    I don't（1 doing　2 I　3 remember　4 what）at this time last year.
5. 目をどうしたのと母が尋ねました。
    Mother asked（1 was　2 matter　3 with　4 the　5 my eyes　6 me）.
6. どの列車がボストン行きか教えていただけませんか。
    Could you（1 train　2 to　3 me　4 which　5 tell）Boston?
7. 今晩，お訪ねしてよろしいかしら。
    I wonder（1 to visit　2 would be　3 you　4 all right　5 it）tonight.
8. まもなくテッドは戻って来ます。
    It（1 Ted　2 won't　3 before　4 back　5 be　6 comes）.
9. 昨夜はすごく暑かったので，まったく眠れませんでした。
    It was（1 sleep　2 hot　3 couldn't　4 I　5 so）at all last night.
10. ここから図書館までは歩いて20分です。
    It（1 from　2 walk　3 twenty minutes　4 here　5 to）to the library.
11. カギを置き忘れるなんて，君もうっかりしていたね。
    It was（1 behind　2 the key　3 you　4 leave　5 careless　6 to）.
12. その問題をそんなふうに見るのは賢くない。
    It's unwise（1 take　2 to　3 you　4 such）a view of the matter.
13. 悪い癖はなかなかなおせません。
    It's（1 of　2 hard　3 bad habit　4 to　5 a　6 get）.
14. 初心者が高い山に登るのは危険なことです。
    It（1 a beginner　2 high mountains　3 dangerous　4 is　5 to climb）.
15. その仕事は一日で仕上げるのは難しいと分かった。
    I found（1 in　2 the work　3 a day　4 to finish　5 difficult）.

C 発展問題

下の日本文を参考にして，（1）語句を並べ替え，（2）適語を補充して完全な英文にしなさい。

〈**Invitation**〉次の会話は，友人のアリスが健を夕食会に招待している時のものです。

A: Alice　K: Ken

A: I (free / don't / you / suppose / are) on Saturday evening?
K: Yes. Why?
A: (to / I'd / invite / like / you / dinner / to).
K: (kind / very / you / it's / of). (am / to / I / come / happy / very).
A: (see / will / you / my family / to / pleased / be).
K: (want / something / bring / me / you / do / to)?
A: Oh, no. Don't worry.
K: (to / come / me / be / would / for / convenient / what time)?
A: Dinner (　) be ready (　) 7, so (your homestay / to pick / over / up / I'll / you / drive / to) at half (　) six. Is that all right?
K: Oh, thank you.
A: I'm (　)(　)(　) seeing you next Saturday.
K: Bye.

A: 土曜の夜はお暇？
K: ええ，どうして。
A: あなたを夕食にご招待したくて。
K: それはご親切に。喜んでお伺いします。
A: 私の家族も大歓迎するわ。
K: 何か持っていきましょうか。
A: とんでもない。お気遣いなく。
K: 何時ごろ伺ったらいいだろう。
A: 夕食の支度は7時までには整うはずだから，6時半にホームステイ先に車で迎えに行くわ。
K: どうもありがとう。
A: 次の土曜日お会いすることを楽しみにしています。
K: じゃ。

Unit 10 受動態

I 受動態

> 1　She **writes** a letter.
> 2　A letter **is written by** her.
> 3　Stars **are seen** (by us) at night.

① 他動詞には動作を他へしかける形と，しかけられる形とがあり，前者を能動態といい，後者を受動態という。受動態は〈be＋過去分詞〉で表す。
② 能動態を受動態に変える手順は，まず〈能動態の目的語を主語とする〉，次に〈能動態の動詞をbe＋過去分詞とする〉，最後に〈能動態の主語はbyの目的語としてbyの次に置く〉。
　現在の受動態（…される）＝am（are, is）＋過去分詞＋by～
　過去の受動態（…された）＝was（were）＋過去分詞＋by～
③ we, you, they, people等が特定の人々を指さないで，一般世間の人々のような漠然とした意味を有する場合や言う必要がない場合にはby～は省略される。

II 受動態の否定文と疑問文

> 4　The party **was not enjoyed** by Dick.
> 5　**Is** English **studied by** the students every day?　Yes, it is.
> 6　**Who was** America **discovered by**?

④ 否定文は，beの後にnotを置いて〈be＋not＋過去分詞〉で表す。
⑤ 疑問文は，beを主語の前に置いて〈be＋主語＋過去分詞…？〉で表す。
⑥ 基本文6の能動態はWho discovered America?だが，その受動態としてBy whom was America discovered?としてもよい。

III 注意すべき受動態

> 7　The top of the mountain **is covered with** snow.
> 8　We **were surprised at** the news.
> 9　The store **is closed** on Sunday.

⑦ 受動態においては，〈by行為者〉がふつうだが，基本文7のようにその他の前置詞を用いる場合がある。他にbe known to, be made of（from, into）等がある。
⑧ 基本文8のように「驚く」「喜ぶ」などの感情を表す場合，日本語では能動態で言い表すが，英語では習慣的に受動態を用いる。他にbe pleased with, be satisfied with, be interested in等がある。
⑨ 受身には「～される」という動作と，「～されている」という状態を表す二つの意味がある。
　Cf. The store is closed at eight in the evening.

A. 基本問題

次の日本文を英文に直しなさい。（Ⅰの1以外は受動態で）

Ⅰ 能動態と受動態

1. 彼女がこの写真を撮りました。

2. これらの写真は彼が撮りました。

3. このケーキは母が焼きました。

4. あのいすは父がつくりました。

5. この番組はＡＢＣ会社の提供です。

Ⅱ 受動態の否定文と疑問文

6. その本は彼女によって書かれたものではありません。

7. 私の自転車は父が修理したのではありません。

8. この席はふさがっていますか。

9. この部屋はだれが掃除したのだろう。

10. だれが私のケーキを食べたのだろう。

Ⅲ 注意すべき受動態

11. このシャツは絹製です。

12. 彼に失望しています。

13. だれもその結果に満足していませんでした。

14. オリンピックはアテネで行われました。

15. 君は間違っていると思う。

B 標準問題

（　）内の語句の他に1語加えて並べかえると，日本文の表す英文になる。その語を答えなさい。なお，文頭に来るべき語も（　）では，小文字で始まっている。

1．これらの手紙は彼が書きました。
　　These（1 written　2 him　3 letters　4 by）.
2．私のパスポートはあの男に盗まれました。
　　My（1 by　2 was　3 man　4 that　5 passport）.
3．これらの非常ドアは，鍵がかけられていません。
　　（1 are　2 emergency　3 doors　4 these）.
4．だれがこの本を書いたのだろう。
　　Who（1 this　2 was　3 by　4 book）?
5．多くのものがリサイクルできることを知っていましたか。
　　Did you（1 things　2 recycled　3 can　4 know　5 many）?
6．ジェーンは昨年結婚したそうだ。
　　Jane is（1 have　2 married　3 year　4 got　5 last　6 to）.
7．駅前の書店は閉まっています。
　　The bookstore（1 front　2 in　3 is　4 the station　5 of）.
8．彼は家業を引き継ぎませんでした。
　　The（1 business　2 taken　3 family　4 wasn't）by him.
9．彼女の仕事に満足しています。
　　I（1 pleased　2 am　3 work　4 her）.
10．大麦からビールは作られます。
　　Barley（1 made　2 is　3 beer）.
11．その店は買い物客で一杯でした。
　　（1 with　2 the　3 shoppers　4 store　5 was）.
12．私のシャツは汗でびっしょりです。
　　（1 soaked　2 is　3 shirt　4 my　5 sweat）.
13．絵里はその知らせを聞いて驚きました。
　　Eri（1 surprised　2 hear　3 the　4 to）news.
14．彼はボサノバにとても関心があります。
　　He（1 in　2 is　3 very　4 bossa nova）.
15．私は有効なビザを持っていたので，入国を許可された。
　　I had a valid visa, so（1 was　2 allowed　3 enter　4 I）the country.

C 発展問題

下の日本文を参考にして、(1) 語句を並べ替え、(2) 適語を補充して完全な英文にしなさい。

〈**Let's go to the concert**〉 次は健の友人Timが健をコンサートに誘っているときに交わされた会話です。

T: Tim　K: Ken

T: If you are free, (like / to / me / would / a concert / with / you / to go) this evening? (　) (　) (　) (　) (　) a Vienna Philharmonic Orchestra performance tonight. I was going to the concert with my girl friend, but (last week / from / she's / flu / suffering / since / been).

K: I (　) (　) (　) your girlfriend, but I'd love to go anyway. (be / the concert / where / held / will)?

T: At the Royal Albert Hall.

K: Wow, (　) (　) (　) (　). (　) (　) (　) (　) (　) begin?

T: At six thirty.

K: (　) (　) (　) the orchestra tonight?

T: Mr. Seiji Ozawa. (　) (　) (　) and (　) (　) (　) (　) (　) (　) (　) (　).

K: Wow, I can't wait.

T: (South Kensington station / at / we / at / up / shall / meet / 6) and (walk / together / to / then / the concert hall)?

K: OK. See you then.

T: もし暇だったら，今夜僕とコンサートに行かないかい。ウイーン交響楽団のチケットが2枚あるんだ。実は彼女と行くつもりにしていたんだけど，彼女が先週からずっとインフルエンザで寝込んでいるんだ。

K: 彼女には気の毒だけれど，ぜひ行きたいな。コンサート会場はどこ。

T: ロイヤルアルバートホールだよ。

K: わぁ，まだ一度も行ったことがないんだ。開演は何時。

T: 6時半。

K: 誰が今夜の指揮をするの。

T: 小沢征爾だよ。彼は日本人で，しかも世界で最もすばらしい指揮者の一人だよ。

K: わぁ。早く聴きたいな。

T: それじゃ，6時にサウスケンシントンの地下鉄の駅で待ち合わせようか。そこからホールまでは歩いてゆこう。

K: わかった。それじゃ，またあとで。

10. 受動態　43

Unit 11 完了形

I 継続を表す現在完了

> 1　Bill **has been** in Japan since last year.
> 2　I **haven't seen** him for ten days.

① since ～「～以来」や for ～「～の間」を伴い，過去のあるときに始まった状態が現在まで継続しているときは現在完了形〈have（has）＋過去分詞〉を使う。
② 否定文は〈have＋not＋過去分詞〉で，疑問文は〈Have＋主語＋過去分詞...？〉。

II 完了，結果を表す現在完了

> 3　**Have** you **done** your homework yet?　No, **not yet**.
> 4　Mother **has gone** shopping.

③ 動作，行為，状態が［たった今完了したこと］を表すときにも，現在完了形を用いる。yet は文末に置き，疑問文では「もう」，否定文では「まだ」の意味になる。
④ 動作，行為，状態が［過去において起こっていても，その結果が現在残っていること］を表すときにも，現在完了形を用いる。

III 経験を表す現在完了

> 5　I **have visited** Hawaii four times.
> 6　**Have** you ever **been** to Canada?

⑤ 現在までの経験を表すときにも，現在完了形を用いる。
⑥ 〈have been to ～〉は「～へ行ったことがある」で，経験を表すときには，never「（一度も）～ない」，ever「いままでに」（疑問文）などの語句を伴うことが多い。

IV 過去完了

> 7　We **had lived** here until then.
> 8　The train **had already started** when I arrived at the station.
> 9　I **had** never **met** him before that.

⑦ 〈had＋過去分詞〉で，「（そのときまで）ずっと～であった」の意味になり，過去のある時点までの動作，行為，状態の継続を表すときに過去完了形を用いる。
⑧ しばしば when, before などの接続詞が導く節をともない，「（そのときには）～してしまっていた」の意味で，過去の時点における動作，行為，状態の完了を表す。
⑨ 「（そのときまでに）～したことがあった」の意味で，過去のある時点までの経験を表す。

基本問題

次の日本文を英文に直しなさい。

I 継続を表す現在完了

1. 彼は月曜日からずっと忙しい。

2. 私たちは結婚して十年です。

3. 3日間天気がよくない。

II 完了、結果を表す現在完了

4. たった今，あのウェイターがテーブルを片付けたところです。

5. 今日は何を着たらいいかまだ決まりません。

6. 終電はもうすでに出て行ってしまいました。

7. 父は会社に行ってしまいました。

III 経験を表す現在完了

8. 彼らはイースター島に行ったことがあります。

9. 私は今までに一度もスキーをしたことがありません。

10. あなたのうわさはよく聞いております。

11. あなた方はお互いに以前あったことがありますか。

IV 過去完了

12. 太郎と花子は結婚するまで福岡に住んでいました。

13. 9時前にはバスは出てしまっていました。

14. 私が学校についたら、英語の授業はすでに始まっていました。

15. 私はそれ以前にはテニスをしたことがありませんでした。

B. 標準問題

（　）内の語句の他に1語加えて並べかえると，日本文の表す英文になる。その語を答えなさい。なお，文頭に来るべき語も（　）では，小文字で始まっている。

1．子供のときから彼とは知り合いです。
   I（1 him　2 my childhood　3 known　4 have）.
2．私は8年間ずっと英語を勉強し続けています。
   I（1 English　2 been　3 eight years　4 have　5 studying）.
3．ここのところ期末レポートを書くのに忙しい毎日です。
   Recently（1 my　2 doing　3 I've　4 paper　5 term　6 busy）.
4．彼女は鍵を失くしてしまいました。
   （1 has　2 she　3 key　4 her）.
5．列車はちょうど，駅についたところです。
   The train（1 arrived　2 station　3 the　4 at　5 has）.
6．父は私たちが祖父母のところに行けるように手配してくれました。
   （1 to　2 us　3 visit　4 my father　5 our grandparents　6 has　7 for）.
7．私の姉はオーストラリアに4回行ったことがあります。
   My sister（1 been　2 Australia　3 has　4 four times）.
8．そのような話は聞いたことがありません。
   I（1 story　2 a　3 never　4 like　5 heard）that before.
9．先週始まった新作の映画を見ましたか。
   Have（1 started　2 you　3 the new movie　4 which）last week?
10．父は散歩に出かけてしまいました。
    My father（1 out　2 a walk　3 has　4 for）.
11．トムと私は二人ともイングランドに行ったことがありません。
    Both Tom and（1 have　2 I　3 to　4 been　5 England）.
12．私が帰宅したときには，太陽はもう沈んでしまっていました。
    The sun（1 got　2 I　3 already　4 had　5 home　6 when）.
13．彼女は先月まで留学していました。
    She（1 studying　2 been　3 abroad　4 last month　5 till）.
14．わたしは日本にくるまで，仏像を見たことがありませんでした。
    I（1 seen　2 a Buddhist image　3 had　4 I　5 till）visited Japan.
15．私が帰って来たのは，泥棒が宝石類を全部持って逃げた後でした。
    When I came back, the thief（1 with　2 all the jewelry　3 had　4 off）.

C 発展問題

下の日本文を参考にして，（1）語句を並べ替え，（2）適語を補充して完全な英文にしなさい。

〈**How to make American Muffins**〉 次の会話の中でCatherineが健にアメリカンマフィンの作り方を教えています。

K: Ken   C: Catherine

K: Oh, I'm (   ).
C: (something / get / I / shall / you)?
K: Yes, why not?
C: (   ) (   ) American Muffins (   ) (   ) (   ). (to / you / try / would / one / like)?
K: Wow, this is delicious. (   ) (   ) (   )?
C: Yes, (   ) (   ) (   ) (   ) (   ).
K: (   ) (   ) (   ) (   ) (   )? Is it difficult?
C: No. It's easy. Here is the recipe.
　　First, (   ) some apricots (   ) an egg, some butter, honey, milk and vanilla essence, and then (   ) some yogurt.
　　Then, stir some flour, sugar and salt, and add that to the milk mixture, and (well / until / mixed / stir).
　　(muffin tins / spoon / into / the muffin mixture).
　　(for / preheated / a / bake / in / minutes / 200℃ / oven / at / 10), then (temperature / the oven / 180℃ / to / reduce) and bake for 15minutes.
K: (   ) (   ) (   ). (   ) (   ) (   ) (   ).

K: ああ，おなかぺこぺこ。
C: 何か食べる？
K: ああ，ぜひ。
C: 台所にアメリカンマフィンがあるわよ。よかったらどうぞ。
K: わあ，おいしい。これって手作り。
C: ええ，そうよ。今日の午後焼いたの。
K: どうやって作るの。難しい？
C: いいえ簡単よ。作り方はこうよ。
　　まず，アプリコットを卵，バター，蜂蜜，牛乳，バニラエッセンスと混ぜ，それにヨーグルトを加えるの。
　　それから小麦粉，砂糖，塩を混ぜたものをその牛乳に混ぜたものに加えよくなじませるの。
　　それをスプーンにとってマフィン型に入れるのよ。
　　そして，あらかじめ温めてあるオーブンに入れ200度で10分間焼いて，それから180度に落として15分間焼くの。
K: 簡単そうだね。自分でも作ってみよう。

Unit 12 接続詞（Ⅱ）（時制の一致を含む）

Ⅰ 接続詞 that の用法

1	I think that this is Ben's house.
2	Do you know **that** she can speak Chinese?
3	I am afraid **that** you are mistaken.

① 接続詞thatは，「～ということ」という意味で，2つの文を主と従の関係で結ぶ。基本文1で，that this is Ben's houseは，主文 I think の動詞（think）の目的語になっている。このthatは省略されることが多い。
② 基本文2のthatも省略されることがある。
③ 「～を心配している，～を残念に思う」の場合は，I am afraid ～ を，「～であればいいなあと思う」の場合は，I hope ～ を使う。また，I wonder if（または疑問詞）～ は，「～かしらと思う」の意。

Ⅱ 時制の一致

4	He **says** that he **is** hungry.
5	He **said** that he **was** hungry.
6	I **think** that he **will come** to see me.

④ 基本文4で，He saysの部分を主節といい，that以下の部分を従属節という。
⑤ 基本文4の主節の動詞が過去形（said）になると，従属節の動詞も過去形（was）になり，基本文5ができる。これを時制の一致という。助動詞がある場合は，それを過去形にする。
⑥ 基本文6の主節の動詞を過去形にして書き直すと，I thought that he would come to see me. となる。

Ⅲ so ～ that... 構文等

7	I am **so** busy **that** I cannot go there with you.
8	He ran away **as** fast **as** he **could**.
9	Students have to study, **whether** they like it **or not**.

⑦ so ～ that... は，「非常に～なので…」という意味で，基本文7はI am too busy to go there with you. と書き換えることができる。
⑧ 基本文8はHe ran away as fast as possible. と書き換えることができる。
⑨ その他
whether ～ or not「～であろうとなかろうと」　as soon as ～「～するとすぐに」
as far as 主語 know「主語の知っている限りでは」
either A or B「AかBのどちらか」neither A nor B「AもBもどちらも～ない」　between A and B「AとBの間」　both A and B「AもBも両方とも」
not only A but (also) B「AだけでなくBも」　They say that ～「～だそうです」

基本問題

次の日本文を英文に直しなさい。

I 接続詞thatの用法

1. あなたは正しいと思います。

2. 彼女は病気だそうです。

3. 赤信号は車が止まらないといけないということを意味しています。

4. 彼が正直であると信じています。

5. （電話での会話で）あなたは番号違いだと思いますが。

II 時制の一致

6. 彼は生きていると思います。

7. 彼は疲れたといいました。

8. 私の友達は来られないといいました。

9. 彼女たちはオフィスにいると思いました。

10. 彼は歯を磨く前に，顔を洗いました。

III so～that... 構文等

11. とても暑いので外に行きたくありません。

12. できるだけ早く電子メールを送ってください。

13. あなただけでなく私もそこに行く予定です。

14. 雨が降っているか降っていないか分かりません。

15. 私の家は書店とドラッグストアの間にあります。

B 標準問題

（　）内の語句の他に1語加えて並べかえると，日本文の表す英文になる。その語を答えなさい。なお，文頭に来るべき語も（　）では，小文字で始まっている。

1．彼はその車は自分のものではないといいました。
　（1 the car　2 his　3 that　4 he　5 said）．
2．その男性は私が学生かどうか尋ねてきた。
　The man（1 me　2 I　3 asked　4 if　5 a student）．
3．明日は雨が降らないと思います。
　I（1 it'll　2 tomorrow　3 rain　4 think　5 that）．
4．彼女はとても緊張しているといいました。
　She（1 said　2 so　3 that　4 nervous　5 she）．
5．おいでくださると思っておりましたのに。
　I（1 be able to　2 that　3 come　4 you　5 hoped）．
6．私の英語が通じることが分かった。
　I found that（1 understood　2 I　3 make　4 myself）in English.
7．彼は娘がオックスフォード大学に通っていることを誇りに思っています。
　He is（1 goes　2 his daughter　3 Oxford University　4 proud　5 to）．
8．彼はきっと試験に合格すると思います。
　I'm（1 that　2 sure　3 pass　4 the exam　5 he）．
9．その本は，難しすぎて私には理解できない。
　The book is（1 difficult　2 I　3 can't　4 that　5 understand it）．
10．この曲を聞くと気持ちがやわらぐので，眠くなってしまいます。
　This song（1 relaxing　2 that　3 sleepy　4 is　5 get　6 I）．
11．千歳空港に着いたらすぐに電話をください。
　As（1 at Chitose Airport　2 as　3 arrive　4 you），call me.
12．彼女がここにいようといまいと問題ではありません。
　It doesn't matter（1 not　2 she　3 whether　4 here　5 is）．
13．彼女もその友人も到着していない。
　（1 nor　2 she　3 her friend　4 arrived　5 has）．
14．私たちの判断できる限りでは，彼は無実です。
　As（1 as　2 can　3 we　4 judge），he is innocent.
15．ここだけの秘密の話だけど。
　（1 is　2 just　3 me　4 you　5 and　6 this）．

C 発展問題

下の日本文を参考にして，(1) 語句を並べ替え，(2) 適語を補充して完全な英文にしなさい。

〈**Thank-you letter**〉 次の手紙は健がアリス家で夕食に招かれたことに対するお礼の手紙である。

Dear Alice,

　(just / to tell / the dinner party / how much / this is / note / your home / a quick / on / I enjoyed / at / you) Saturday evening. The food was excellent, and (conversations / people / many / had / I / with / good / interesting). It (　) (　) (　) (　).
(your hospitality / your family / I hope / I appreciate / how much / you / and kindness / and / know). (very fortunate / a good friend / in England / I am / as you / such / to have). (like to / some time / at my house / a guest / to be / in Japan / you / invite / I would) in the future.
(　) wishes (　) (　) (　) (　) (　).

　　　　　　　　　　　　　　　　　　　　　　　　　　　　　Yours,
　　　　　　　　　　　　　　　　　　　　　　　　　　　　　Ken

アリスへ

　手短ではありますが，土曜の夜のお宅での食事会が本当に楽しかったので，そのお礼が言いたくお手紙しました。食事はすばらしかったし，いい方たちと楽しい会話をたくさん交わすことができました。申し分のない夜のひと時でした。
　君やご家族の皆さんの親切なおもてなしに，どんなに私が感謝しているか伝われば幸いです。君のようなすばらしい友に英国で巡り会え本当に僕はラッキーです。いつか日本の僕の家庭にも君を招待したいと思っています。
　君やご家族の皆さんのご多幸をお祈りしています。

　　　　　　　　　　　　　　　　　　　　　　　　　　　　　　　　　　　健より

Unit 13　5つの基本文型

I　第1文型（S＋V）と第2文型（S＋V＋C）

1	The church **stands** on the hill.
2	They **are** students.
3	Alice **looks** sad.

① 「S（主語）＋V（動詞）」の文を第1文型という。基本文1ではchurchがSで，standsがV。Theやon the hillは修飾語句。
　There is a book on the desk.の文は，bookが主語，isが動詞の第1文型。
② 「S＋V＋C（補語）」の文を第2文型という。補語は主語を説明するもので，主語＝補語の関係が成り立つ。基本文2では，studentsが補語で，They＝studentsが成り立つ。
③ 基本文3では，sadが補語で，Alice＝sadが成り立つ。

II　第3文型（S＋V＋O）と第4文型（S＋V＋O＋O）

4	I **like** dogs.
5	He will **give** you this book.
6	My father **bought** me a personal computer.

④ 「S＋V＋O（目的語）」の文を第3文型という。目的語は動詞の対象になるもので，補語と異なって，主語＝目的語にはならない。基本文4では，dogsが目的語。
⑤ 「S＋V＋IO（間接目的語）＋DO（直接目的語）」の文を第4文型という。
　一般には間接目的語は「人」で，直接目的語は「もの」のことが多い。
　間接目的語≠直接目的語の関係が成り立ち，you≠this bookとなる。
　基本文5＝He will give this book to you.
⑥ 基本文6ではme≠a personal computerの関係。
　基本文6＝My father bought a personal computer for me.

III　第5文型（S＋V＋O＋C）

7	We **call** the dog Rin.
8	He **made** her happy.
9	I **found** this book very interesting.

⑦ 「S＋V＋O＋C」の文を第5文型という。
　この文型では，目的語＝補語の関係が成り立ち，基本文7では，the dog＝Rinとなる。
⑧ 基本文8では，her＝happyの関係。
⑨ 基本文9では，book＝interestingの関係。

A 基本問題

次の日本文を英文に直しなさい。

I 第1文型（S＋V）と第2文型（S＋V＋C）

1．光陰矢のごとし。

2．チャンスはある。

3．時は金なり。

4．彼女は憂鬱そうです。

5．信号が青に変わります。

II 第3文型（S＋V＋O）と第4文型（S＋V＋O＋O）

6．彼はデジタルカメラを買いました。

7．私はコーヒーの香りが好きです。

8．彼はその書類をホッチキスでとめました。

9．私は彼女に電子メールを送りました。

10．値引きしてもらえますか。

III 第5文型（S＋V＋O＋C）

11．この歌を聴くと幸せになります。

12．私たちは彼のことをスーパーマンと呼びます。

13．あなたは自分の部屋をきれいにしておかないといけません。

14．私はその映画は面白いとわかりました。

15．雨の日はいつも気が滅入ります。

B. 標準問題

（　）内の語句の他に1語加えて並べかえると，日本文の表す英文になる。その語を答えなさい。なお，文頭に来るべき語も（　）では，小文字で始まっている。

1．新しい図書館は公園の近くにあります。
　　The（1 library　2 near　3 new）the park.
2．私の父は40歳です。
　　My father（1 years　2 forty　3 is）.
3．君の答えは簡潔で要を得ていた。
　　Your（1 was　2 and　3 point　4 the　5 reply　6 short）.
4．私たちのクラスには30人の生徒がいます。
　　（1 thirty　2 class　3 our）students.
5．真由美はその歌を英語で歌うことができます。
　　Mayumi（1 the song　2 in　3 can）English.
6．最寄の駅への道を教えてくれませんか。
　　（1 you　2 me　3 can　4 the way）to the nearest station?
7．四国に行ったときの写真を見せてくれますか。
　　（1 you　2 me　3 will　4 some）pictures of the trip to Shikoku?
8．この電車に乗ればビクトリア駅に行けますよ。
　　This（1 you　2 train　3 to　4 will　5 Victoria Station）.
9．心配がすぎると食欲がなくなることがよくあります。
　　Too much（1 deprives　2 care　3 our　4 often　5 us　6 appetite）.
10．彼女が紅茶を一杯持ってきてくれました。
　　She（1 cup of　2 me　3 a　4 tea）.
11．私は彼にいいプレゼントを選んであげました。
　　I（1 nice　2 a　3 him　4 present）.
12．先生は私たちに難問をいくつか出しました。
　　Our（1 a number　2 of　3 questions　4 difficult　5 us　6 teacher）.
13．ジョンは昨日自分の部屋を白く塗りました。
　　John（1 his room　2 yesterday　3 white）.
14．彼女が試験に合格したので両親は喜びました。
　　The success（1 her parents　2 her examination　3 happy　4 in）.
15．彼女はエリザベスです。しかし，友達はみな彼女をベスと呼びます。
　　She is Elizabeth, but（1 call　2 all　3 her friends　4 Beth　5 of）.

C 発展問題

下の日本文を参考にして，（1）語句を並べ替え，（2）適語を補充して完全な英文にしなさい。

〈**At the language lesson**〉 次は健が語学学校の授業終了後，先生と交わした会話である。

T: Teacher　K: Ken

T: Hi, Ken. (I / what / difficulty / you / any / did / understanding / have / said) during the lesson today?

K: Well, not really, but (do / sure / I'm / how / quite / not / my homework / to).

T: Well, (on page 15 / your host family / the questionnaire / try / you / to / on / should / based / interview). Please (the phrases / today / make / to / sure / learnt / we / use).

K: OK. I'll try. (with / another thing / up / about / worried / I'm / a bit / is / keeping) the other students.

T: (the other students / my lesson / you are / I think / to study / capable / with / enough / in). Your English is (　　　) (　　　).

K: Oh, thank you. (compliment / that's / real / a).

T: One thing, (outspoken / the lesson / that / I / you / more / should / think / in / be). Generally speaking, Japanese students are very shy. (　　　) (　　　) (　　　) (　　　) (　　　) (　　　) (　　　). (　　　) (　　　) (　　　) expect (　　　) (　　　) (　　　) (　　　) English (　　　) your level. (to express / in English / is / other people / to say / in English / something / to try / want / to tell /, or / you / what / the important thing). OK?

K: OK. I'll do my best. (　　　) (　　　) (　　　) (　　　) (　　　). I appreciate it.

T: どうしたの，健。私が授業中に言ったことで何かわからないことがあったの。

K: いいえ。ただちょっと，今日の宿題で何をすればいいのかはっきりわからなかったので。

T: えっと，15ページの質問に基づいてあなたのホストファミリーにインタビューをしていらっしゃい。今日習ったフレーズを使うのを忘れずにね。

K: わかりました。やってみます。別件ですが，自分がクラスについていけるか少し心配なのです。

T: あなたは他の生徒と一緒に私の授業に充分ついて行けると思いますよ。英語もだんだん上手になっていっているし。

K: ああ，褒めていただいてありがとうございます。

T: 一つだけあなたにアドバイスがあるとすれば，授業中もっと積極的に発言するようにしたらいいわ。一般的に，日本の学生はとてもはずかしがりやね。文法的ミスを犯すことを怖がらないで。あなたたちのレベルで完全な英語を話すとは私たちも思っていませんし。大切なのは，何か英語で言ってみることね。あるいは，何か他の人に伝えたい自分の思いを英語で表現しようと努めることね。わかった？

K: わかりました。一生懸命がんばってみます。アドバイスありがとうございます。

13. 5つの基本文型　　55

Unit 14 仮定法

I 仮定法過去

1	**If** I **knew** her telephone number, I **would** call her.
2	**If** my father **were** alive, he **could** see his grandson.

① 仮定法過去は，〈If＋主語＋動詞の過去形…，主語＋助動詞の過去形＋動詞の原形～．〉の形を取り，「もし…すれば，～するだろうに（～できるのに）」の意味，現在の事実に反する仮定・想像を表す。基本文1＝As I don't know her telephone number, I won't call her.
② if節の動詞がbe動詞の場合は，主語の人称に関係なくふつうwereを用いる。

II 仮定法過去完了

3	**If** he **had worked** hard, he **would have passed** the exam.
4	**If** it **had not been** snowing, I **could have gone** out.

③ 仮定法過去完了は，〈If＋主語＋had＋過去分詞…，主語＋助動詞の過去形＋have＋過去分詞～．〉の形を取り，「もし…していたら，～しただろうに（～できたのに）」の意味，過去の事実に反する仮定・想像を表す。基本文3＝As he didn't work hard, he didn't pass the exam.
④ if節の否定はhadの後にnotがつき，その後に過去分詞が続く形になる。

III その他の仮定法

5	**If** it **should** rain tomorrow, we **won't** go on a picnic.
6	I **wish** I **were** a movie star.
7	I wish I **had seen** the film.
8	He speaks English **as if** he **were** a native speaker.
9	**It is time** you **went** to bed.

⑤ 〈If＋主語＋should＋動詞の原形～，主語＋助動詞（過去形あるいは現在形）＋動詞の原形～．〉は，「万一…したら，～」の意味になる。
⑥ 〈I wish＋主語＋仮定法過去〉の形で，「～であればよいのに」の意味になり，現在の事実に反する願望を表す。基本文6＝I am sorry that I am not a movie star.
⑦ 〈I wish＋主語＋仮定法過去完了〉の形で，「～であったらよかったのに」の意味になり，過去の事実に反する願望を表す。基本文7＝I am sorry that I didn't see the film.
⑧ 〈主節＋as if＋主語＋仮定法過去〉の形で，主節の動詞の示す時と同時の事柄について「まるで～であるかのように」の意味になり，様態を表す。
⑨ 〈It is time＋主語＋仮定法過去〉の形で，「もう～すべき（してもよい）時間だ」という意味になる。

A 基本問題

次の日本文を英文に直しなさい。

Ⅰ 仮定法過去

1. 私がお金持ちであれば，新車が買えるのに。

2. 彼のＥメールアドレスを知っていれば，今すぐにＥメールが送れるのに。

3. もし私があなたなら，そんなことはしないでしょう。

4. もし一千万円持っていれば，あなたは何がしたいですか。

5. もし地球上に水がなければ，私たちは生きていくことができないでしょう。

Ⅱ 仮定法過去完了

6. 彼女の携帯電話の番号を知っていたら，彼女と会うことができたのに。

7. 彼が彼女と結婚していたら，幸せだったでしょうに。

8. 昨日，雨が降っていなかったら，そこにいくことができたのに。

9. 早起きしていたら，学校に遅刻しなかったのに。

10. 私が一生懸命に勉強していなかったら，ＡＢＣ大学を卒業できなかったでしょう。

Ⅲ その他の仮定法

11. 万一彼が来なければ，あなたはどうしますか。

12. 彼がここにいてくれたらいいのに。

13. もっと一生懸命に勉強していたらよかったなあ。

14. 彼はまるで丸太のように眠っています。

15. そろそろ帰宅する時間だな。

B 標準問題

（　）内の語句の他に1語加えて並べかえると，日本文の表す英文になる。その語を答えなさい。なお，文頭に来るべき語も（　）では，小文字で始まっている。

1. もし私がイルカだったら，ドーバー海峡を泳いで渡るのに。
   （1 a dolphin　2 if　3 I），I would swim across the Strait of Dover.
2. 彼と一緒に行けたら，どんなにうれしいことでしょう。
   （1 go　2 I　3 if　4 him　5 with），how happy I'd be!
3. ここにヒーローがいれば，助けてもらえるのに。
   （1 there　2 a hero　3 if　4 here），he would save me.
4. 彼がその電車に乗っていたら，時間通りにそこに着くことができたのに。
   If he had taken the train, he（1 there　2 on time　3 could　4 arrived）.
5. 彼女が親の忠告を聞いていたら，成功したでしょうに。
   If she（1 taken　2 advice　3 her parents'），she'd have succeeded.
6. 彼が私を止めてくれなかったら，私は学校を中退していたかもしれない。
   If he hadn't stopped me, I'd（1 of　2 out　3 school　4 have）.
7. 太陽がなければ，美しい夕焼けを見ることができない。
   （1 the sun　2 couldn't　3 a beautiful sunset　4 see　5 we）.
8. 万一宝くじで一等に当たったら，あなたに私の車をあげます。
   If（1 in a lottery　2 I　3 first prize　4 win），I'll give you my car.
9. もう少し寝ることができたらいいのに。
   I（1 wish　2 I　3 a little　4 sleep　5 longer）.
10. 両親がフランス語を話せるといいのに。
    I（1 my parents　2 speak　3 could　4 French）.
11. もっと時間とお金があったらよかったのに。
    I（1 more　2 wish　3 money　4 time　5 and　6 I）.
12. もうちょっとお金があったら，彼女はそれを買うことができたのに。
    （1 money　2 a little　3 more），she could have bought it.
13. その日のことをまるで昨日のことのように覚えています。
    Well I remember（1 only　2 the day　3 it　4 as if）yesterday.
14. もう会社に向かう時間だな。
    （1 is　2 time　3 to　4 my office　5 it　6 I）.
15. そろそろお父さんが空港に着いてもいい頃だなあ。
    It's（1 my　2 the airport　3 at　4 time　5 father　6 about）.

C 発展問題

下の日本文を参考にして，(1) 語句を並べ替え，(2) 適語を補充して完全な英文にしなさい。

〈**One week before returning**〉 日本への帰国を目前に控えた健と友人　TimとAndyの会話である。

T: Tim　K: Ken　A: Andy

T: Ken, (going / many / are / to / how / in / days / England / stay / you)?
K: Another week. (stay / if / I / I / could / would / longer).
A: (a bit / wish / longer / could / you / stay / I).
T. Yeah, me too. If you did, (interesting / take / I / see / you / places / other / to / could).
A: (of / you / are / lots / miss / seeing / places / there / shouldn't).
K: I know. (where / longer / if / take / me / like / stay / , / would / I / you / to / could)?
A: Let me see. (the Isle / in / would / of / Scotland / to / I / Skye / you / take). It is absolutely beautiful.
T: That would be nice. What about Cornwall? (　) (　) (　) (　) (　)?
K: No, never. I'd love to go.
A: Cheer up. (　) (　) (　) another (　). (can / Sunday / this / we / coming / go / together / somewhere).
T: (　) (　) (　) (　) (　) (　), Ken?
K: Let me think....

T: 健，後何日イギリスにいるの。
K: あと一週間。もっと時間があれば長く居たいのに。
A: 僕も君にもう少しいてほしいよ。
T: ほんとだよ。もしそうなら，君を他にもいろいろ面白い場所に連れて行けるのに。
A: 君に絶対お勧めの場所がたくさんあるのに。
K: そうだね。もし，もう少し長くいられるとしたら，例えばどんな場所に連れて行ってくれるかい。
A: そうだな。スコットランドのスカイ島なんてどうだろう。とても美しいところだよ。
T: あそこはいいね。コーンウォールはどうだろう。行ったことあるかい。
K: ないな。残念だよ。
A: 元気出して。まだ1週間あるじゃないか。次の日曜一緒にどこか行けるじゃないか。
T: どこに行きたい，健。
K: そうだなあ・・・。

Unit 15 関係代名詞

I 主格の関係代名詞 (who, which, that)

1	He has a daughter **who** is very wise.
2	A ship **which** has a tall mast sails faster.

① 関係代名詞とは，文と文とを結ぶ接続詞の働きと，前の名詞（または代名詞）―これを先行詞と呼ぶ―を受ける代名詞の働きとを併せ持つ語を言う。基本文1は，He has a daughter. と She is very wise. の文を，関係代名詞を使って結びつけた文。
daughter が先行詞で，この場合のように先行詞が「人」なら関係代名詞は who を用いる。

② 基本文2のように先行詞が「人以外」なら which を用いる。また，that は先行詞が何であろうと用いられる。
原則として関係代名詞によって導かれる節は，先行詞のすぐ後に置く。

II 所有格の関係代名詞 (whose)

3	I have a friend **whose** father is a pilot.
4	The house **whose** roof is blue is my grandfather's.

③ 基本文3は，I have a friend. と His father is a pilot. の2つの文を関係代名詞で結びつけたものだが，先行詞 (friend) を受けた his は所有格だから，関係代名詞も所有格の whose にする。

④ 先行詞が「人」でも「人以外」でも whose を用いることができる。

III 目的格の関係代名詞 (whom, which, that)

5	This is the man **whom** I met this morning.
6	The question **which** I asked him was not difficult.
7	He is the richest man **that** I know.

⑤ 基本文5は，This is the man. と I met him this morning. を関係代名詞 whom で結びつけたものだが，先行詞 (man) を受けた him は目的格だから，関係代名詞も目的格の whom にする。なお，目的格関係代名詞は省略可能。さらに，疑問詞と同じように主格の who が whom の代わりに用いられることもある。

⑥ 基本文6のように先行詞が「人以外」なら which または that を用いる。which と that は目的格と主格両方に用いられる。

⑦ 先行詞に，形容詞の最上級や，all, the first, the last, the only, no などがつくときは，関係代名詞は that を使うのがふつうである。

＊ 関係代名詞は，上記以外に先行詞を含んだ what もあり，次のように用いる。
・What he said is true.
・He is not what he was ten years ago.

A 基本問題

次の日本文を英文に直しなさい。

Ⅰ 主格の関係代名詞

1. 私には社会福祉士の兄がいます。

2. 昨日私に会いに来た女性は私の先生です。

3. これより安い花はありますか。

4. セントラルステーション行きの電車はありますか。

5. 日本で作られた車は良く売れます。

Ⅱ 所有格の関係代名詞

6. 私には息子さんがパイロットの友人がいます。

7. 彼女は最初のＣＤが大ヒットしているミュージシャンです。

8. 壁が白いあの家は，友人の家です。

9. 綴りが長い単語は覚えにくい。

Ⅲ 目的格の関係代名詞

10. 私が買った電子レンジは高かった。

11. これは彼が泊まっているホテルです。

12. 彼女はパーティーで出会った男性と結婚しました。

13. これは私が今までに買ったうちで一番高いものです。

14. 私の言うことを信じなさい。

15. これはまさに私がほしかったものです。

B. 標準問題

（　）内の語句の他に1語加えて並べかえると，日本文の表す英文になる。その語を答えなさい。なお，文頭に来るべき語も（　）では，小文字で始まっている。

1. マイクには，教師になりたいと思っている兄さんがいます。
   Mike has（1 a teacher　2 to　3 wants　4 a brother　5 be）．
2. 面白い物語の本を貸してくださいませんか。
   Will you（1 a storybook　2 me　3 which　4 lend）interesting?
3. 私の母はカメラを製造している会社に勤めています。
   My mother（1 cameras　2 for　3 works　4 makes　5 a company）．
4. これはその作家の生家です。
   This is（1 the writer　2 in　3 the house　4 was born）．
5. 何か書くものが必要です。
   I（1 something　2 write　3 need　4 I　5 which）．
6. 目がきれいなあの女性を知っています。
   I know（1 lady　2 eyes　3 are　4 that　5 beautiful）．
7. これは彼が意味が理解できない諺です。
   This is a proverb（1 meaning　2 cannot　3 he　4 understand）．
8. これは私が今までに見たうちで一番素晴らしい映画です。
   This（1 the　2 film　3 best　4 I　5 have　6 is）ever seen.
9. 中国は，ずっと私が行ってみたいと思っていた国です。
   China is（1 I've　2 the country　3 always　4 to　5 wanted　6 visit）．
10. あなたが公園で会った唯一の男性はだれでしたか。
    Who was（1 the only　2 met　3 at　4 you　5 man）the park?
11. メアリが結婚した男性は医者です。
    The man（1 Mary　2 doctor　3 is　4 married　5 a）．
12. あそこであなたに会うなんて思ってもいませんでした。
    You were the（1 last person　2 to see　3 had expected　4 I）there.
13. それで昨日クラーク先生が言ったことを思い出しました。
    That（1 yesterday　2 Mr. Clark　3 me　4 of　5 reminds　6 said）．
14. 私が最も望むものは、幸せな生活を送ることです。
    （1 a　2 to live　3 what　4 want　5 I　6 most）happy life.
15. 応募用紙を郵送するだけで結構です。
    （1 you　2 mail　3 to　4 to do　5 is　6 have）the application form.

Primer for English Writing
大学生の英作文入門
[B-474]

1 刷	2005 年 1 月 30 日
15 刷	2021 年 3 月 30 日

著　者　　佐藤哲三　　Tetsuzo Sato
　　　　　愛甲ゆかり　Yukari Aikō
　　　　　新藤照夫　　Teruo Shindo

発行者　　南雲一範　Kazunori Nagumo
発行所　　株式会社　南雲堂
　　　　　〒162-0801　東京都新宿区山吹町 361
　　　　　NAN'UN-DO Publishing Co., Ltd.
　　　　　361 Yamabuki-cho, Shinjuku-ku, Tokyo 162-0801, Japan
　　　　　振替口座：00160-0-46863
　　　　　TEL: 03-3268-2311（代表）／FAX: 03-3269-2486
　　　　　編集者　TA

製版所　　啓文堂
装　丁　　Nスタジオ
検　印　　省　略
コード　　ISBN4-523-17474-6 C0082

Printed in Japan

E-mail　nanundo@post.email.ne.jp
URL　http://www.nanun-do.co.jp

C 発展問題

下の日本文を参考にして，（1）語句を並べ替え，（2）適語を補充して完全な英文にしなさい。

〈**Farewell**〉健は明日いよいよ日本へ帰国することになりました。ホストファミリーとの会話です。

P: Paul   K: Ken   C: Catherine

P: (be able to / a bit / to come / will / I think / earlier / manage / home / I) tomorrow, so I can take you to the airport.
K: Oh, thank you.
C: Ken, we'll (　　) (　　) a lot.
K: I'll (　　) (　　), too.
C: You will keep in touch, won't you?
K: Of course. If you have a chance (　　) (　　) (　　) (　　), you will be always welcome. I'll take you (　　) (　　) (　　) (　　) (　　).
C: Oh, thank you. (to go / someday / love / Japan / to / I'd).
P: (　　) (　　) (　　) (　　) (　　) to visit Japan?
K: (to travel / or autumn / comfortable / most / Spring / season / is / the / in). (you / hot / be / may / for / too / summer). Winter is OK, I think.
C: I (　　) (　　) (　　) (　　) there during spring time (　　) (　　) (　　) (　　) (　　) beautiful cherry blossoms.
P: That would be nice. (about / going / think / should / to / we / Japan).

P: 明日，どうにかいつもより少し早く帰れると思うから，空港まで送っていけるよ。
K: ああ，ありがとう。
C: 健，とてもさびしくなるわね。
K: 僕も。
C: 連絡は取り続けようね。
K: もちろん。もし日本に来ることがあったら二人ともいつでも歓迎ですよ。どこでも行きたいところに案内しますよ。
C: ありがとう。いつかぜひ日本に行ってみたいね。
P: 日本を訪れるにはいつが一番いい季節かしら。
K: 春か秋が旅行するには一番過ごしやすい季節です。夏はお二人にとって暑すぎるかもしれない。冬も悪くないと思いますよ。
C: 私は春に行ってみたいわ。美しい桜が見たいもの。
P: それはいいね。日本へ行くことを考えよう。

15. 関係代名詞   63